の材料集として成立させるのかは大きな課題だ。その作業は1人でできる量や範囲ではなく，本書の執筆者4人が集まってようやく取り組むことができた。本書ではその「コラージュ療法基本材料シート集」の開発過程を紹介するとともに，そのプロセスの中で向き合ってきた「コラージュ」のこと，「材料」のこと，「クライエント」のことについての考えをまとめた。

　本章の内容を一通り紹介しておきたい。第1章では，コラージュ療法の全体を見つめなおし，その魅力とその基本姿勢について，今村が述べた。また加藤が「あそび」の観点からコラージュについて述べている。第2章では，今枝が海外におけるコラージュ療法について概観するとともに，今村が関連性のある技法についても紹介した。第3章が「コラージュ療法基本材料シート集」の開発プロセスの紹介と，それを通して掘り下げてきた「コラージュ療法の材料」についての考察である。第4章では，コラージュ療法基本材料シート集の取り扱いについて具体的に述べた。第3章・第4章は今村が担当している。

　第5章では，さまざまな領域におけるコラージュ療法について紹介した。よく活用されているスクールカウンセリング（今枝），クリニック（今村），学生相談（二村）といった領域に加え，重症心身障がい児者入所施設での取り組み（今枝）と生涯学習場面での活用（今村）を紹介した。いずれも基本材料シート集の使用に関してだけでなく，コラージュ療法事例として手がかりを得られるものであると思う。第6章では，二村がコラージュ療法において長年の課題となっている「アセスメント」についての視点をまとめた。第7章では，加藤が日本コラージュ療法学会のワークショップで伝えている内容をもとに，コラージュ療法研究の論文執筆に際して留意すべき点や実践的なテクニックについてまとめた。コラージュ療法がクライエントの心理的援助のために重要な役割を果たしていくために，コラージュ療法の事例研究や基礎研究は今後も欠かせないものであると考えられる。発表や執筆をためらっている方に少しでもお役に立てれば幸いである。

　また，章の合間にコラムをさしはさんだ。これらは，大切だが本書全体の流れの整理のためにコラムとして括ったものや，ややコラージュから逸れているが関連性のある発展的なものなどである。いろいろな角度からコラージュ療法を眺めていただければ嬉しい。

本書には，すでに発表した論文などによって構成されている章があるが，これらの章には多くの加筆修正を行っており，新しく書き下ろした章も複数ある。すでになじみのある人とも，これから取り組もうという人とも，本書を通して一緒にコラージュ療法について考えていきたいと願っている。

目　　次

はじめに　*i*

第1章　コラージュ療法の魅力 ……………………………………… *1*

　　1．コラージュ療法の魅力と基本姿勢　*1*

　　2．「あそび」の観点から見るコラージュ制作体験　*7*

　　〈コラム1〉　コラージュ療法のこれから―日本コラージュ療法学会の歩みとともに　*19*

第2章　海外におけるコラージュ療法と関連技法 …………………… *21*

　　1．海外におけるコラージュ療法　*21*

　　2．中国における広がり　*24*

　　3．関連技法　*24*

　　〈コラム2〉　イギリスのアートセラピー・ワークショップ　*27*

第3章　材料について考える ……………………………………… *31*

　　1．どのような材料が求められているのか

　　　―「コラージュ療法基本材料シート集」の開発プロセス　*31*

　　2．「普通の材料」について，もう一度考えてみる　*47*

　　3．ま と め　*50*

第4章　「コラージュ療法基本材料シート集」の使用にあたって … *53*

第5章　さまざまな領域におけるコラージュ療法の実践 ………… *59*

　　1．スクールカウンセリングにおけるコラージュ療法の実践　*59*

　　2．精神科クリニックにおけるコラージュ療法の実践　*64*

vi

　　3．学生相談におけるコラージュ療法の実践　*70*

　　4．重症心身障がい児者入所施設におけるコラージュ療法の実践　*77*

　　5．生涯学習活動におけるコラージュの活用　*83*

　〈コラム3〉被災者支援におけるコラージュ療法―コラージュを持ち込むということ　*89*

第6章　コラージュ作品のアセスメント ………………………………… *91*

　　1．アセスメント研究の動向とその意義　*91*

　　2．コラージュ作品の解釈指針および評定方法　*93*

　　3．アセスメント評定・解釈指針の課題　*96*

第7章　コラージュ研究と論文執筆 ……………………………………… *99*

　　1．はじめに　*99*

　　2．研究の進め方（基礎研究）　*101*

　　3．研究の進め方（事例研究）　*103*

　　4．論文執筆の基礎　*104*

　　5．執筆のための資源　*107*

　〈コラム4〉ブロック玩具を使った表現技法　*109*

『コラージュ療法基本材料シート集』見本　*111*

おわりに　*113*

文　　献　*119*

初出論文　*125*

索　　引　*127*

コラージュ療法の魅力

1．コラージュ療法の魅力と基本姿勢

　さまざまな写真の切り抜きが入った箱を開けると，クライエントの多くは少し目を見開いて興味深い表情でじっと箱の中を見る。健康度の高いグループなどでは参加者が「わぁ，きれい」と声をあげることもある。このようにコラージュ療法の第一の魅力は，材料を眺めて気に入ったものを選び画用紙に貼って作品を作るというプロセスの中で，楽しさを始めとするさまざまな感情が表出され，幅広いクライエントの心の回復や成長が促されることにある。手続きの単純さゆえに導入される場は非常に広く，自己啓発的な成人グループから，スクールカウンセリング，重篤な精神疾患を抱えた人の心理療法など，さまざまな場面に適用可能である。

　また，コラージュ作品には，カタルシス的な感情表出やその時の気分だけが反映されるのではない。制作時の向き合い方にもよるが，偶然のように手に取って画用紙に貼られた切り抜きのひとつひとつに，その人のこれまでの歩みや苦しみ，喜び，生活の断片，忘れ去られていた遠い記憶につながるものなど，多くのことが映し出されている。制作者本人がしみじみと，自分自身の来し方を振り返ることもあれば，受け取ったセラピストがクライエントの言葉を拾いながら，その心のうちを静かに推察することも多い。いずれにしても，このきっかけがなければ表出されることがなかった本人の内面を，作品を通して深く理解することができる。その奥行きの深さもまた，コラージュ療法の大きな魅力である。

　この方法が，日本の心理臨床に広く導入されるようになって久しい。その嚆矢となったのは1987年の東海精神神経学会における森谷の発表である。森谷

（1988）の着想は箱庭療法に関する深い理解と臨床経験に基づいており，コラージュを「持ち運べる箱庭」として捉え，意図して心理療法に導入しているのであって，クライエントの自発的な制作や美術分野の知識によって偶然に導入したのではない。クライエントの自発によるコラージュ事例は過去にあるが，技法として理論づけられていなかった。1987年以前の日本での文献として，森谷（2012）は，西丸（1949），Jarchov（1980），山中（1986）の3件を挙げている。箱庭が砂箱と玩具から成り立ち，玩具という既製品によってクライエントのイメージの表出が助けられることから，砂箱を画用紙に，玩具を雑誌の切り抜きに置き換えてコラージュ療法は成立した。以来，コラージュ療法は瞬く間に全国の心理臨床場面で導入されるようになり，基礎的な研究も発展してきた。

　ここで，本章ではコラージュ療法を始める基本姿勢から，もう一度考えてみることにしたい。

【材料と向き合う】

　コラージュ療法を始めるためにまず必要となるのは，さまざまな雑誌，チラシ，パンフレットから集められた写真やイラストなどの材料である。他に土台となる画用紙，道具として糊とはさみを用意する。コラージュ療法における切り抜き写真などの材料は，箱庭の玩具に相当する。

　森谷（2012）は，"最初から相手の望むものを集める必要はない。面接が進むにつれてだんだんと，相手の望むイメージが分かってくるはずだから，最初はともかく何でもよい"と説明していたという。しかし実際には，初心者にとって相手の望むイメージを理解しながら材料を用意することは難しい。まず，どのような相手であれ，風景や植物，動物，人，食べ物，乗り物，日用品などといったものは最低限必要である。そのほかに相手の年齢，性別やそれまでの対話から感じられる興味がありそうなもの，内的に求めているのではないかと考えられるイメージを用意していく。森谷（2012）は，これらを「発達課題にふさわしいイメージ」「喜怒哀楽など心の内実を表現可能にするもの」「何か心の癒しにつながるもの」「新しい可能性を示唆するもの」と提示し，「大きな切り抜きも小さな切り抜きも必要」「意味がないと思えるものも時には必要」など

の注意を添えている。このようにセラピストが用意する材料について真摯に向き合うことは、クライエントに真摯に向き合うことである。しかし、事例研究の中ではこのような材料について議論しているのは中原（2011）などごくわずかである。コラージュ療法を導入する初心者に、材料準備の大切さを伝えるためには、今田（2010）のように心理臨床教育としてのコラージュ導入の中で材料の収集を行うのも重要な体験であろう。また、内容に広がりがあり、かつ攻撃性・侵襲性などに配慮した材料に触れておくことも、学習の手がかりとなるであろう。

　材料の提供の方法について森谷（2012）は、クライエント自身が本やパンフレットを自分で選び、そこから気に入ったイメージを自分で見つけ、切り抜き、自分で貼るアプローチを「マガジン・ピクチャー・コラージュ法」、セラピストがクライエントの自己表現に必要であろうイメージを推測し切り抜いて集め、箱の中でためておき、そこからクライエントが選び貼り付けるアプローチを「コラージュ・ボックス法」として整理した。この2つが併用される場合もある。

　コラージュ療法にこれから取り組む人には、この2つの方法で「誰かのために」準備してみることを、練習としてお勧めしたい。マガジン・ピクチャー・コラージュ法では、提供する雑誌やパンフレットのページをめくって中身を確認する。先にあげたような「基本的な内容」が1冊の中に十分にそろっている雑誌というのは、ほとんどない。何種類かの雑誌やパンフレットが必要になり、そこには文字ばかりのページも多く含まれている。あなたのクライエントは、数冊の雑誌の中から、ちょうどよいイメージをいくつも見つけ出して切り抜き、画用紙に貼るだろうか。ひょっとしたら、ちょうどよい写真を見つけたものの、隣の記事が気になって目で追ううちに、最初に心に浮かんでいたイメージを見失うかもしれない。何種類かの雑誌に目を通すということ自体で精一杯のクライエントもいるかもしれない。授業やワークショップなど大勢の人が制作する場面や、健康度の高い人が制作する場合には、この方法は向いているが、そうでない場合は、注意を要するといえる。

　コラージュ・ボックス法で用意する場合は、雑誌の全体ではなく、写真のひとつひとつに注目し、切り出していくことになる。その切り抜きを使うかもし

れないし，使わないかもしれないが，いろいろな雑誌から幅広い種類の写真を
拾い集めることになる。そうやって材料をためた箱の中には，クライエントの
年齢や性別を考えたときに，心動かされそうなものがはいっているだろうか。
また，セラピストが切り抜きを用意するということは，ページの両面に魅力的
な写真が印刷されている場合に，どちらを切り抜くかをセラピストが決断する
ことになる。クライエントによっては，用意された切り抜きからさらに細かく
対象を切り出したり，気に入った形に整えたりするだろうが，基本的には箱の
中にある写真は，すぐに貼れる状態のものばかりである。このように，コラー
ジュ・ボックス法は準備に手間がかかる分，クライエントは余分な情報や作業
にわずらわされることなく材料に向き合うことが可能である。また，ページを
めくることやハサミを使うことが苦手なクライエントでも，比較的容易に制作
をすることができる。そして，制作後には，作品を一緒に見て，そこに表現さ
れた思いについて共有するための時間的余裕，精神的余裕が生じやすい。

【コラージュ療法の対象】

　すでに述べたように，対象となる臨床領域は幅広く，コラージュ療法に不向
きな領域をあげることのほうが難しいぐらいである。ただその中でも，もう少
しクライエントの個別性に目を向けてコラージュ療法の導入について考えてみ
たい。

　私たちセラピストがコラージュ療法になじみがあるからといって，どのクラ
イエントにもやたら導入すればよい，というわけではない。言語を媒介とする
心理療法をスタンダードとして身につけているならば，まずは言語的接近を試
みるのが良いだろう。筆者は，言語面接に対してクライエントの抵抗が感じら
れる場合や，クライエントが自分の気持ちを言葉で表現することが難しい場合
に，クライエントの表出を手助けする一つの方法として，コラージュの導入を
提案するようにしている。その際には，中井（1979）が芸術療法の長所として
挙げた「さりげなさ」や「ひっこめようと思えば，お互いにひっこめられると
ころ」を大切にするよう心掛けている。

　不登校をはじめとする思春期の事例が多く発表されているのは，思春期特有
の大人への抵抗や内閉的な傾向を示すクライエントに対し，コラージュがゆっ

くりと彼らの緊張感をほぐし，自己開示への抵抗を和らげるからだろう。また，子どもから大人への過渡期にある彼らは，自分の内面をうまく説明することができないことも多い。コラージュに限らず，二者間の緊張を和らげる媒介の助けを借り，非言語的なアプローチで自己表出していくことは非常に有効といえる。

　また大人の面接であっても，うまく自分の内面について語れない場合にコラージュが果たす役割は大きい。「内面について語れない」とは，単に言葉が少ない場合だけを指すのではない。一見「話しすぎる」場合もある。「話しすぎる」とは，語りながらクライエントが自身の内面に向き合っていくような状態ではなく，堰を切ったように自分をとりまく周辺的な事柄について勢いよく話したり，さらには話があちらこちらに飛びすぎて話の焦点が定まらなかったりするような状態である。このように話の焦点が，クライエント自身に向かっていかないこともまた，一つの抵抗であり，「内面を語れない」状態である。抵抗自体を言語面接で取り上げて，内省を促していくことも一つの方法ではあるが，それによって少し内省に向かおうとしてもすぐに元に戻ってしまうなど，難しいケースも少なくない。そんなとき，コラージュはクライエントとセラピストの間に柔らかな沈黙をもたらし，クライエントの心に落ち着きを与える。制作後にはクライエント自身が選んだ切り抜きに沿って，一つ一つの内面の断片を語るため，ゆっくりとした自己への接近が助けられる。しかしながら毎回の制作は拒否されることもあり，自身の内面に向きあうことへの抵抗が強いクライエントに対しては，コラージュ療法を導入した場合でも根気が必要である。

【コラージュ療法の期間】

　心理療法の実施期間には定まりがないのと同様に，コラージュ療法にも定まりはない。しかしながら，その事例にコラージュ療法を適用している意味をよく考えた場合，必ずしも心理療法の実施期間とコラージュ療法の実施期間というのは一致するものではない。コラージュ療法がうまく進展していくとき，クライエントはコラージュの助けを借りて自分の心のうちにあるものを表現し，自分自身を見つめていった後，これまでのことや，今考えていることを段々と言葉豊かに語れるようになっていくことが多い。そうなると，コラージュ制作

にこだわる必要はなく，クライエントの語るところを大切にして，一緒に考えたり寄り添ったりすることが必要となる。その変化の兆しは，コラージュ制作の前にじっくりと話すために，制作時間がなくなったり，あるいは制作後に作品に表現されたこと以上に話すために，面接時間が足りなくなってしまったりするところに見られるだろう。そうなってきたら，自然に「話したいことがたくさんあるようですね」あるいは「お話をゆっくり聞かせてください」と，コラージュを勧めずにじっくりと話を聞く姿勢を示せばよいだろう。クライエント自身が「今日はお話ししたいことがあって」と，制作を断るようになる場合もある。中井（1979）は，「芸術療法が一人の患者に実施できる期間は平均おおよそ2年間である」と述べており，これは筆者の臨床経験とも一致するところである。

　また統合失調症のグループなどでも，基本的には同じであると考えている。精神科病院で病棟レクリエーション活動や作業療法の一環としてコラージュ療法が取り入れられることや，デイケアでプログラムの中に取り入れられていることが多く，特に期限を設けず，利用者が入れかわりたちかわり参加しているのが一般的な形式のようである。このような場合，個人面接のように，「終了」することがない。全体的なプログラムの見直しによって終了することはあるだろうが，長期に渡って実施されていることが多いだろう。このようなルーティンのプログラムは，確かにその規則性によって，患者や利用者の日常を支える力を持っている。しかしあまりに日常化してしまって，画用紙に自分を表現することなく，ほんの短い時間座って，手に取った切り抜き数枚に糊を塗り，画用紙に貼りつけて，自分の定位置へ戻っていくような場合もある。このように，プログラムがマンネリ化してしまうときには，一定期間ごとに何らかの区切りを設けるなどの転機を用意すると良いのではないだろうか。数か月分の作品からお気に入りを見つけて，展示したり，改めてシェアをするなどの発表会も良いだろう。筆者は「夏休み」「冬休み」と称して，数週間程度の「お休み」を設けていた（今村，2006）。長谷川（2011）は数か月ごとに半年に一度「鑑賞会」を設けて，その区切りを目安とした参加者の変化を報告している。この「区切り」は，参加者が新たな気持ちでコラージュと向き合うのを助けると同時に，参加者の状態像や作品の変化などを分かりやすくし，セラピスト側の理解を深

めることにつながる。

【材料についての新しい提案】

第3章に詳述する通り，今村ら（2015）は，多くの臨床家や研究者が共通して使用可能な材料集として『コラージュ療法基本材料シート集』の開発を行い，すでに基礎研究や臨床場面での活用が始まっている。

中井（1993）は，曖昧図形や染みや無意味な線を手掛かりにして有意味な視覚映像を捉える方法をすべて「投影法」と呼び，上下左右の縁で規定された素白の空間に物体なり有意味な図形を描く方法をすべて「構成法」と分類したうえで，「コラージュは，構成法でありながら，ロールシャッハ的なところに一つの基盤を持っている」としている。この見方に従えば，本材料シート集によるコラージュ制作はもう一歩 "自由材料によるコラージュ制作よりも構成法的である" ということができるのではないか。中井（1970）の考案した風景構成法は限られたアイテムで描かれながら，私たちはその描画に飽きることはない。それぞれの筆致，配置に，描き手の特徴を見出す。それと同様に，限られた材料を使用した制作者の表現に，その人の特徴を見出すことができるだろう。淡々と写真を切り出し，カタログのように並べるのか。何か写真の内容とは異なるものに見立て，組み合わせによって遊ぶのか。実際のところ，予想以上に幅のある表現に出会うことができる。そして，初めて材料集の封筒からカラープリントを取り出す人々の顔には，本章冒頭の箱を開けたときと同じように，ちょっとした驚きと興味を持った表情が浮かんでいることも申し添えておきたい。

2.「あそび」の観点から見るコラージュ制作体験

芸術療法においてはこれまでにさまざまな技法が開発され活用されている。心理臨床場面においては，言語を用いた心理療法と同様に，クライエントの表現をセラピストが受け止め，表現を通してクライエントがどのような内的体験をしているかに向き合うことが重要である。本節では，内的体験の中でも，特に表現活動が持つ「あそび」の要素に着目し考察を深めてみたい。これまでに述べてきたように，コラージュには，創造性を刺激する素材との出会い，表現

8   第1章　コラージュ療法の魅力

に対するワクワクする気持ち，自分の表現からの発見や満足感など，「あそび」
に関連する心理的体験が多く含まれている。また，素材の選定，表現活動，制
作後のふりかえりなど，すべてのプロセスにおいてそれに寄り添うセラピスト
の存在がある。これらの，クライエントの中で生じる内的体験と，セラピスト
とクライエントの間で生じる相互交流の両面からさまざまな治療的体験が得ら
れることが，コラージュ療法の魅力であると考えられる。

　まず，はじめに，コラージュ療法の治療的効果と非常に密接に関わる，制作
者の体験について考える。そのうえで，大きく分けて3つの視点から見ていく
ことにしたい。まず1つめに，「理論的基盤」があげられる。2つめに「臨床
実践」を取り上げる。これまでにもコラージュ療法に関しては，さまざまな臨
床的な実践やそれを踏まえた事例研究が行われてきており，これらから得られ
た知見が大変重要であると思われる。3つめは，「基礎研究」の観点である。
たとえば統計的なデータを使ったり，臨床群と一般の健康な人たちの作品を比
較したり，エビデンスを示していくことでこれまでに培ってきた理論と臨床実
践を支える研究活動もまた重要な意味を持つ。いずれも欠かすことのできない
大切な要素であり，これらが相互に関係しあって補い合うことで，コラージュ
という技法の魅力をますます広げて伝えていくことができるのではないだろう
か。

【理論的基盤】

　1つめの理論的基盤の視点から「あそび」の要素について考えてみたい。コ
ラージュ療法は，森谷（1988）によって開発された技法であり，雑誌や広告な
どの素材から気に入った写真を切り抜き，台紙の上に貼りつけて構成すること
で表現を行うものである。森谷（1988）は，コラージュに関する最初の論文に
おいて，「切り貼り遊び」という言葉を用いているが，これはコラージュ療法
の本質を示す大切な言葉であると考えられる。コラージュの本質を考えると，
「あそび」という要素は制作プロセスにとても深く関わっており，理論的にも
中核をなす部分の1つである。したがって，「あそび」というのは，コラージュ
の治療的効果と切っても切り離せないつながりを持つものであると考える。ま
た，通常私たちがクライエントと関わる際に，主な媒体となるのは言葉である

が，コラージュの場合は，写真などのイメージを媒体にしながらやりとりをしていく。1人でコラージュを作るわけではなく，見守るセラピストの存在があり，そこでさまざまな交流が起こってくるという点が理論的に重要なところであると考えられる。森谷（2012）は，コラージュ療法の成り立ちについて，「着想」，「効果の確認」，「理論化」などの段階をあげている。この中で，着想のきっかけとして，池田（1987）の「コラージュ論」に言及し，その中でコラージュが，「糊による貼り付けの意。キュビズムのパピエ・コレ（貼紙）の発展したもので，本来相応関係のない別々の映像を最初の目的とまったく別のやり方で結びつけ，異様な美やユーモアやロマネスクの領域を絵画に導入した……（新潮世界美術辞典）」と説明されていることを紹介している。この中の，もともと関係のない要素の結合からユーモアを創造するプロセスは，まさに「あそび」の要素であると考えられる。また，森谷（2012）は，コラージュ療法の準備段階として，「何となく心惹かれる」素材を用意することの重要性を指摘している。このような素材を用意することは，制作者であるクライエントの創作意欲や遊び心を適度に刺激し，コラージュ制作へと自然に導入するうえで欠かせないものであると考えられる。いかなる心理療法やアセスメントのための技法の発展においても，着想し，効果を検証し，それを実践して確かめていくというプロセスは欠かせないものである。そのようなプロセスの中において，理論的基盤があってこそ，安心して実際の臨床場面に技法を導入していくことができると考えられるが，この基盤の中で，「あそび」は重要な役割を果たしているのではないか。

【臨床実践】

　次に，臨床実践による知見から考えてみたい。木村（1985）は，箱庭療法の実践の中で，治療的効果に関する重要な視点を提供している。これは，箱庭療法のみに限らず，コラージュをはじめ，多くの芸術療法に共通するものであると考えられる。1つめは「心理的退行」の要素である。制作者は，制作をしながら，懐かしいと感じたり，自分の幼少期を思い起こしたりする体験をする。懐かしさの喚起にあたっては，箱庭では砂に触れる感触や玩具が，コラージュでは素材を切ったり糊で貼るという体験が重要な役割を果たしていると考えら

れる。また，同時に，心理的退行の中には，わくわくするとか楽しいといった感情のように，気持ちの盛り上がりや高揚に関する要素も含まれる。何を表現しようかと思いを巡らしたり，表現に集中し没頭したりと，コラージュ制作は制作者を惹き付け，夢中にさせる魅力がある。これはまさに，私たちが子どものころにあそびの中で体験した，時間が過ぎるのを忘れて没頭した感覚と同様のものではないだろうか。言語を用いたカウンセリングでは，時に意識的な働きかけがクライエントの語りに影響を与える。クライエントが抱える抵抗などを理解するうえで，このようなプロセスはたいへん重要なものである。一方，箱庭やコラージュをはじめとする芸術療法では，クライエントが自身の表現のみに没頭できる環境を提供することで，無意識的なイメージを加工することなく，そのままの形で表出することを助けているのではないかと考えられる。

　2つめは，「守られた中での自己表出」である。芸術療法に限らず，すべての心理療法において，この「守り」は治療の前提となる重要な要素である。心理療法では，たとえば，治療目標の共有，時間や場所の設定，必要な制限など，さまざまな守りが存在する。コラージュ療法においても，まず表現の基盤として画用紙という守りがあることにより，クライエントはその中で自由な表現をすることができる。特に重篤な悩みを抱える人や，表現することに自信のなさを持つ人にとって，広すぎる表現空間や高すぎる自由度は，反対にその人らしい自由な表現を阻害することもあると考えられる。コラージュでは，まず直接的に表現を抱え守る枠組みとして画用紙があり，さらに，セラピストの存在という守りがあり，その外側には治療構造という守りがある。このように，幾重にもなったさまざまな守りがあるからこそ，クライエントは安心して自分の内面を表出できる。

　3つめと4つめは，「内面の意識化」，「自己表現と美意識の満足」である。両者に共通するのは，表現しながら感じるものであると同時に，表現が終わった後に自分の作品と向き合う中で感じるものでもあるということである。内面の意識化は，言いかえると，気づきや洞察といった言葉であらわすことができる。コラージュ作品に投影される感情やイメージは，もともとは制作者自身の深い無意識の世界に存在するものである。制作プロセスを通して，素材の写真の力を借りながら，無意識的なイメージをコラージュ作品として視覚化してい

く。ここには，制作者自身の中で自発的に起こる無意識と意識の交流が存在すると考えられる。出来上がった作品と向き合うことで，「自分にはこんなところがあったんだ」とか，「こうだと思っていたが，もしかしたら今こういう気持ちなのかもしれない」など，さまざまな気づきが得られる。自己表現と美意識の満足に関して，初めてコラージュ制作を体験した人に感想を尋ねると，制作の困難さや戸惑いと同時に，多くの人が制作に対する満足感や作品への愛着について語ってくれる。初めての人に限らず，コラージュ作品には，その人のパーソナリティや内面などが投影された結果，「自分らしさ」を感じ，自分の分身のような作品に対する愛着や，満たされるような感覚が生じやすいと考えられる。

【基礎研究の知見から】

　次に，これまでに述べてきた理論的基盤や臨床実践からの知見をふまえて，基礎研究の観点から制作者の体験について検討する。コラージュ療法の効果を検討していくうえで，コラージュ療法のみでなく，共通する理論的基盤を持つ他の技法との比較をすることによって，共通点や独自性が見えてくることは多い。ここでは，コラージュと共通した理論的背景を持ちながらも媒体の異なる技法に焦点を当て，その比較を通してコラージュ制作体験について見ていく。

　まずはじめに，加藤ら（2009）による研究を紹介したい。ここでは，コラージュ技法，風景構成法，ブロック技法の３技法に焦点を当て，それぞれにおける制作者の体験過程を検討している。中井（1970）による風景構成法は，創案当初は統合失調症患者の箱庭療法への適応を査定するという役割を担っていたが，次第に治療的効果が注目されるようになった。風景構成法の治療的効果には，描き手と実施者が共同して作品を生み出すプロセスが重要な影響を与えていることが指摘されている（皆藤, 1994）。ブロック技法は，箱庭療法やコラージュ技法の理論をもとに考案された，ブロックを用いた表現技法であり，基礎板と呼ばれるプラスチック製の板の上に，さまざまな色や形のブロック，既製の人形などを用いて表現をするものである（加藤, 2006）。このように，コラージュ技法，風景構成法，ブロック技法は，保障された枠組みの中で，素材やアイテムの組み合わせによって自由な表現をするという，共通した特徴を有して

いることから，その効果においても，共通する部分が大きいと考えられる。同時に，表現に用いる素材の違いや，2次元と3次元の違いなど，各技法が持つオリジナリティが存在することもまた事実である。このような共通性や独自性は，それぞれの技法による効果にも影響を与えると考えられる。このような観点から，加藤ら（2009）は，制作者の体験過程に注目し，各技法の独自性と共通性を比較検討した。

　まず，制作者の自由記述の感想などをもとに，芸術療法の体験過程に関する尺度として「SEAT」という尺度が作成された。SEATは，尺度項目の選定にあたっては複数の臨床家の意見を参考にしており，「子ども時代への回帰」，「自己表出・カタルシス」，「内面の意識化」，「創作意欲・満足感」，「制作場面での関係性」という5つのカテゴリが含まれる。この尺度を用いて各技法の特徴を検討した結果，自己表出やカタルシス，内面の意識化といった要素はコラージュを含め，ブロックや風景構成法にも共通することが明らかになった。さらに，コラージュの独自性として，制作に伴う創作意欲や満足感が他の技法と比較して高いことが認められた。コラージュは，制作に対するモチベーションを刺激する媒体であり，かつ制作後に心が満たされた感じが得られやすいと考えられる。

　加藤ら（2009）の研究は，芸術療法における表現に伴う体験過程を測定する尺度を作成し技法の特徴を統計的に検討する試みとして意義があったと考えられる。しかし，尺度の因子的妥当性など，いくつかの課題も残された。そこで，加藤ら（2014）は，SEATをもとに，複数の芸術療法における制作者の体験過程を測定するための，妥当性と汎用性を兼ね備えた尺度に改訂することを目的とし，さらなる研究を行った。特に，保障された枠組みの中で既存のイメージの組み合わせによって表現するという点で重要な基盤となる箱庭療法を体験に加え，箱庭療法，コラージュ療法，ブロック技法の3技法を用いて体験の検討を行った。SEATでは，ポジティブな項目が中心であったが，実際の治療過程・制作過程では，たとえば疲労感など，なかなかイメージ通りにできないことによる混乱などのネガティブな体験が報告されることもある。また，見守る側・セラピストとの関係性に関する項目も重要になるため，これらを加えて新しく尺度を作成した。その結果，「気持ちの解放・安定」，「満足感」，「自己理解」，「緊

張感」,「子ども時代への回帰」という要素が抽出された。これらの要素は，先述の木村（1985）によって臨床実践から導き出された治療効果とも共通するものである。このことからも，これまで理論的に指摘されてきたことや，臨床家の目から見た体験過程が，統計的な手法を用いた検討によっても妥当であることが確認できた。SEATは臨床的な視点からのカテゴライズであったのに対し，改訂版であるSEAT-Rは，統計的な視点からのカテゴライズである。この両者の比較から，理論的基盤として大切にされてきた視点や，臨床実践から導き出された視点が，統計的にもその妥当性が認められたといえるのではないだろうか。

　加藤ら（2014）をもとに，SEAT-Rの各下位因子ごとに，コラージュ制作体験を考えてみたい。まず，「緊張感」は，見守る人との関係性において生じる感覚を示すものである。つまり，見られていることを意識したり，自分の作品にどのような意味があると思われるのかと考えたりする感覚である。どのような技法においても，そこにセラピストとクライエントがいる以上，同じように生じる感覚であると考えられる。「自己理解」に関して，コラージュの特徴として，イメージのピースを形にしていく中で，自分らしさと向き合うことになるという体験が得られることから，自己への関心が深まり，自己理解が進みやすいのではないか。「気持ちの解放・安定」について，解放と安定という2つの要素は一見逆方向のように見えるが，実は非常に密接に関わっている。すっきりする・広がっていく方向と，それを1つの作品にまとめることで気持ちが落ち着くという要素は，互いが補い合って成り立っている。先述のSEATを用いた比較においても，満足感はコラージュにおいて非常に高かったが，SEAT-Rを用いた場合もやはり同じように，制作を通して達成感・満足感が得られることが確認された。これらを通して，コラージュ制作体験の独自性を考えると，創作意欲，気持ちの解放・安定，満足感という要素がコラージュにおける制作体験のポイントになっていると考えられる。それに加え，他の技法との共通点として，自己表出や自己理解，治療者との関係性が重要な体験であることが挙げられるだろう。

14 第1章 コラージュ療法の魅力

【コラージュ制作体験モデル】

　これまで，理論的背景や臨床場面および基礎研究の知見からコラージュ制作体験について考察してきた。ここでは，この節の主題である「あそび」の観点から，制作体験について包括的に考察してみたい。中井（1993）がコラージュの制作過程について述べている中に，「フィロバティズム」というキーワードを使った説明がある。フィロバティズムは，もともとBalint（1959）による造語である。フィロバティズムについて，福井ら（2008）は，「人であれ物であれ，常に何ものからも身を遠ざけ，自由でいようとする対象関係世界を表す概念である」と説明したうえで，「対象は自己を拘束する厄介ものであるが，空間は自由でいられる友好的な広がりとして感じられる。そのため，煩わしい対象を手放し，常に対象と対象のすきまを生きようとする。その背後には，対象は自己を裏切るかもしれない危険物だとする恐怖心も存在するものの，それが前面には押し出されず，むしろ，そのような対象を適当にあしらい，弄ぼうとする現象が表に立つ。対象なんていらない。何ものにも縛られず，飄々とさすらいたい」という対象関係のあり方として定義している。ここで述べられている「対象」と「空間」は，現実世界において私たちを取り巻く環境の中に存在するものであるが，この概念はコラージュ表現の世界においても適用が可能であると考えられる。コラージュの素材の中には，私たちの「対象」を投影するイメージが含まれている。同じ素材に対しても，人によって喚起されるイメージはさまざまであろう。コラージュ素材と向き合うことは，たとえば母親や父親，親密な対象，お気に入りの物など，多くの対象に直面する体験になるのではないか。それらの対象は，本人にとって欠かすことができないものであると同時に，直接的に向き合うことへの不安も同時に喚起されるだろう。このような素材（対象）と向き合うプロセスの中で，保障された枠組みとしての表現領域（空間）の存在が，対象に対して，時に対峙し時にかわしながら，自由に表現をすることを助けていると考えられる。この点に関して，中井（1993）は，「「スキル」によって対象を手なずけ利用して，「前対象的空間」を自由にわがものにして「安全性」を確保すること」と述べ，また「「スキル」によって「スリリング」な行為を行う「英雄」としてのコラージュ作者には，いくぶん誇大的・躁的爽快感があってもふしぎではない」と説明している。ここで言うスキルは，目の前

2. 「あそび」の観点から見るコラージュ制作体験　　*15*

にある素材（対象）をいかに見立て，自分の表現として空間の中に位置づけて
いくかという能力を指すものであると考えられる。この「見立て」や「スリル」
を体感し，それによって満足感や達成感を得るというプロセスは，まさに「あ
そび」の要素そのものであると考えられる。

　同時に，中井（1993）は，コラージュ制作におけるまとまろうとする統一的
方向性と，散らばろうとする分散的方向性の重要性も指摘している。コラージュ
制作において，さまざまな素材に触れる体験は，まさにイメージの広がりであ
る。マガジン・ピクチャー・コラージュ法にしてもコラージュ・ボックス法に
しても，目の前のピースに向き合いながらさまざまなイメージが広がる。それ
が分散の方向だと思われるが，その中からイメージを集約させて1つの世界に
統一していくというプロセスが私たちの内界では展開しているのではないか。
子どもの日々のあそびに目を向けると，そこにはフィロバティズムという言葉
に代表されるような要素がある。スリルを求めたり，ひやっとしながらもその
中にワクワクした感情を感じるというような体験である。このような拡散する
スリルとまとまることで得られる安心感，さらにはそのプロセスを経て作品が
完成した時の満足感などが，あそびとコラージュ制作の共通点としてあげられ
るのではないだろうか。

　この他にも，コラージュ制作には，幼少期に体験するさまざまなプリミティ
ブな感覚の要素も含まれている。たとえば，粘土あそびや御飯粒で手がべちょ
べちょした感じや，紙をびりびり破る感覚などは，誰もが無意識の中に有して
いるものであると考えられる。これらは，コラージュが持っている，ハサミで
切ったり糊で貼ったり，感触を確かめたりする要素と共通するものである。コ
ラージュを作ると，懐かしいという感覚を覚えるが，このような体験が私たち
の基盤にあって，それがコラージュ制作プロセスによって思い出され，心理的
退行や懐かしいという感覚に繋がっているのではないだろうか。

　コラージュ制作体験とあそびに関して，中原（2012）は，あそびの要因自体
もコラージュ療法におけるワークの一環としてとらえている。これは，「コラー
ジュ・ルーデンス・ワーク」という名前で呼ばれ，そこでは，心のあそびと真
剣さを併せ持った制作を通して，葛藤的な内容表現に留まらない創作活動が展
開されていくことが指摘されている。基礎研究や臨床場面においては，クライ

エントの体験に重点を置くことが多いが，中原（2012）が示唆している通り，それだけではなく，ウィニコットの言う一緒にあそぶ関係のように，制作体験の中でセラピスト自身も程よく緊張しながらワクワクして一緒に制作する感覚が治療的にたいへん意味があると考えられる。

　これまでの内容を総合して，コラージュ制作体験モデル（図1-1）を最後に紹介したい。

　基礎的研究・理論的背景・臨床実践から見えてきたコラージュが持つあそびの体験として，まず，「心理的退行」，「自己表出」，「満足感」，「気付き・洞察」という要素があげられる。制作体験について総合的に検討するうえで，これらの要素が心の中のどのレベルで起こってくるかを考えることが重要であると考えられる。図では，下がより無意識的な部分で，上が意識的な部分として表現されている。心理的退行は制作者自身の過去の体験と強く結びついていて，心の深いところで起こるものである。それに対して，中央の自己表出は，前意識的な部分ということもできるだろう。コラージュ制作に当たり，何を表出して何を留めておこうかという自己対話のプロセスが自然に私たちの中では起こっている。そして，実際にそれを目に見える形で表現することにより，そこから

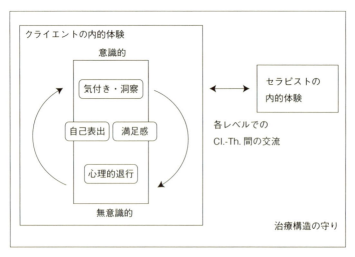

図1-1　コラージュ制作体験モデル

気づいたり，達成感や満足感が得られたりする。それは意識的なプロセスであると考えられる。何気なくされている表現のようで，その中では，制作者自身の内的世界における意識と無意識の交流がある。過去の懐かしい体験を思い起こし，試行錯誤の末に表出し，そこから気づきや満足感を得る。これらひとつひとつは，すべて「あそび」的な要素を含むものである。心の中の色々なレベルでそれが展開していて，しかもそれがサイクルのように相互に影響を与えているというところがコラージュ制作の魅力であり，治療的効果の要になっているのではないかと考えられる。図の右側は，同じようなプロセスがクライエントの内部だけではなく，見守るセラピストの中でも喚起されていることを示している。両者の交流によって治療効果が展開していく。さらには，一番外枠には，たとえば，空間や時間的枠組などの治療構造の守りが存在する。治療構造によって守られていることで，こういったプロセスを安心して展開していくことができるのではないか。

【今後の活用に向けて】

　今村（2015）は，セラピストがコラージュ材料を準備する際に大切なことの1つとして「あそび」の要素に着目し，「少し遊び心をくすぐるような，コラージュの中で遊べるような刺激も望まれる」と述べている。これまでの文脈の中でも触れたように，「心理的退行」や「達成感」は，コラージュの治療的効果を考えるうえで重要な要素である。また，同時に，「あそび」という言葉の多義性に焦点を当て，「ゆとり」や「余裕」という意味での「あそび」もまた，コラージュ素材の選択にとっては意味があることを指摘している。具体的には，「材料を用意するうえで，内容の細部にとらわれすぎることは，制作者の注意をより具体的で意識的な水準にとどめ，抽象的で無意識的なイメージの表出をしにくくなる恐れがある。そういう意味での「あそび」も必要ではないだろうか」と述べている。

　これまで述べてきたように，コラージュ療法の治療的効果の根幹となる体験過程は，クライエントとセラピストの双方の内面で生じ，さらに相互の交流によって深まっていくものである。より安全かつ深いレベルで体験を深めていくためには，両者の体験の交流が一方通行になることなく，相互作用的に展開し

ていく必要がある。そのためには，「見守る側の準備性」が欠かせないと考えられる。この準備性には，制作にあたって，どのような姿勢で見守るかや，どのような視点から表現と向き合うかなどが含まれる。コラージュについて熟練したセラピストであれば，自身の臨床経験に基づき，制作に寄り添うことができるだろう。しかし，初心のセラピストにとっては，技法の導入に際してどのような素材を選択して用意すればよいのか，どのような観点から作品を眺めればよいのかという疑問や悩みに直面することも多いと考えられる。もちろん，セラピストとして技法の習得のために経験と鍛錬を積み重ねることは重要であるが，このことを基本に置いたうえで，コラージュ制作のための素材の準備性やアセスメントのための視点に関する知見を積み重ねていくことが求められるのではないだろうか。

| コラム1 | コラージュ療法のこれから―日本コラージュ療法学会の歩みとともに |

コラージュ療法が理論化（森谷，1988）されてから，30年が過ぎた。その歩みは平坦なものではなかったが，2009年に日本コラージュ療法学会が設立されたことにより，コラージュ療法に取り組む人たちの研鑽と発表の場ができた。以来，森谷理事長をはじめとする先生方と一緒に学会を運営し，学ばせていただいている。年1回の大会，ワークショップだけでなく，年3回ほど研修会も開催され，各地でコラージュ療法の理論を学び，実践を検討する機会が用意されている。

また，2010年から毎年1巻ずつ学会誌『コラージュ療法学研究』が発刊され、研究論文が3〜5件ずつ掲載されている。創刊号には，森谷による第1回大会基調講演が収録されている。講演ではコラージュ療法の研究についての動機づけから普及までの経過が語られた。森谷によるコラージュ療法の丁寧な手ほどきは，2012年に『コラージュ療法実践の手引き　その起源からアセスメントまで』（金剛出版）として世に出された。この本によって，コラージュ療法のことはずいぶん説明しやすくなったと思う。

学会誌創刊号に掲載されているのは，上述の講演を含む「日本コラージュ療法学会第1回大会」の記録だけでなく，論文が6編掲載されており，そこには山上（2010）の「コラージュ解釈仮説の試み（その1）（その2）」もある。この研究はさらに発展し，『コラージュの見方・読み方―心理臨床の基礎的理解のために』（山上，2014）として出版されて，コラージュ作品のアセスメントの手がかりを得ようとする多くの人に読まれている。本書第6章においてもそのエッセンスを紹介した。その後も，学会誌にはさまざまな基礎研究が掲載されており，「コラージュ療法における認知物語アプローチの導入」（大前，2012）や，「被虐待児のコラージュ表現の特徴（1）（2）」（西村，2015bc），「人生グラフテストwithコラージュを用いた構成的グループ・エンカウンター」（東，2018）など，本学会ならではの研究が並んでいる。

臨床事例では，ひきこもり（松田，2010），認知症高齢者（平石，2010），不登校（本村，2010），心身症状（生越，2010）と多彩な論文がある。認知症への対応は，近年ますます重要な領域となっており，こういった状況に先駆けた論文といってもよいのではないだろうか。その後も，外科領域（中原，2012）や緩和ケア（中原，2018；茅野，2018）などの貴重な実践が報告されており，さまざまな領域で真摯にクライエントに向き合う臨床家の姿が浮き彫りになっている。

会員数は決して多いわけではないため，多くの活動がボランティア的な働きによって支えられている。小さな学会はどこでも同じような事情だろうか。昨今は「学会離れ」という言葉も耳にする。なんでも「○○離れ」と呼んでしまってよいのだろうか，という疑問がわくが，多種多様な研修会が開かれ，ネット上で多くの論文を入手できることも，特定の学会に所属しない傾向に拍車をかけているのかもしれない。しかしやはり，一つの場に通ってあるテーマについて思考を深めていくことは，臨床家としても，研究者としても重要なことであると考えている。日本コラージュ療法学会の活動についてはホー

ムページ（http://www.kinjo-u.ac.jp/collage/）を通して見ていただくことができる。また学会誌は，会員以外の方は大会会場での販売時に購入することができる。大会は一種のライブともいえるかもしれない。学会誌だけではなく，その場に行かなければ得られないものが大会にはある。コラージュ療法について関心を持つ人が多く集まる場の中で，これまでの枠組みを超えた実践に出会うこともあるのではないだろうか。

　これからも，多くの人に足を運んでいただき，コラージュ療法の魅力に触れていただきたいし，私も多くの人の実践に触れていきたい。

（今村　友木子）

海外におけるコラージュ療法と
関連技法

1．海外におけるコラージュ療法

　日本におけるコラージュ療法は森谷（1988）によって理論化されて以降，臨床実践や研究が重ねられ発展してきたが，日本における活用と海外における活用の流れは異なっている。そこで本章では，海外のコラージュについて主だったものを紹介したい。

　心理療法の分野で「コラージュ」という言葉が使われた最も古い文献は，森谷（1993）によるとLipkin（1970）である。コラージュといっても，これは実際に制作するものではない。言葉や色，考えやシンボル，感情などを組み合わせ，組み立て，不要なものは捨て，整理し，再編成することを「空想上のコラージュ」としている。そして心理療法において，空想上のキャンバスに自分の願望を集め，組み立て，配置し，それをセラピストとクライエントの二人で眺めながら対話を進めていくというものである。

　実際に切り貼りを行い，コラージュ作品を制作するものとしてはBuck & Provancher（1972）の作業療法の新入院患者の評価として用いた研究がある。ここではまず，あらかじめ用意されたさまざまな雑誌から患者が切り抜き，12×18インチの台紙に貼り付けて制作した。その後，台紙の裏に自分の名前とともに「なぜこれらの絵を選んだのか」「これらの絵があなたにとってどのような意味があるのか」を記入した。この結果，18〜70歳の約500例の患者のコラージュを通して，作品には制作した患者の力動が投影されることが示された。また，この方法は患者の精神力動に関する情報を得るための，受け入れられやすく，実施しやすい方法であることが明らかとなった。

　集団での心理療法事例としては，Moriarty（1973）による実践があり，20

歳から56歳までの自閉的な女性慢性統合失調症患者に対してコラージュを集団で実施している。その際「あなたにかつて起こった最悪のこと」「病院」「あなたにかつて起こった最高なこと」「自分はどのようにみえるか」「どのようになりたいか」「なりたいものになる方法」などのテーマが与えられた。この研究では，コラージュ制作は集団で使うのに適しており，患者への脅威も少ないことが示されている。

Lerner & Ross（1977）はBuck & Provancher（1972）の指摘を客観的なスコアリングによって検討している。方法としては，材料の雑誌（5種類）や台紙（12×18インチ，8種類の色画用紙）などを統一し，12人の精神科入院患者と12人の病院職員のコラージュ作品を比較している。その結果，患者群は切り抜きの数が少ないことや，全体のバランスや中心となるテーマがないこと，人の写真が少なく動物は多いといった特徴がみられた。

Lerner（1979）は，6つの専門領域（精神分析家，精神科医，実習医，心理学者，ソーシャルワーカー，看護師）からなる12人の精神科スタッフに，12人の精神科入院患者と同数の統制群（年齢，性別，教育水準，経済状況，および婚姻の状態は患者群と同等の人）のコラージュ作品を弁別させた。その結果，患者群と統制群の弁別は有意な結果とはならなかった。コラージュは心理的なプロセスを査定する方法としては適しているが，パーソナリティの要因と関連付けるには，より厳格な研究が必要であることが示された。

Sturgess（1983）は，作業療法の臨床実習に取り入れた例を報告している。結果として，非言語的コミュニケーションや投影への意識を高めることや，精神疾患の症状の理解，学生の個人的な価値観の理解，学生と患者の真の違いや類似性の理解，治療者のリーダー的役割の理解，準拠枠の違いのアセスメントといった目標が達成されている。

これらの海外の初期のコラージュの文献をたどると，海外では作業療法の中で始まったことが分かる。これは，「コラージュ療法」として心理療法の中に取り入れている日本とは違ったコラージュの導入といえるだろう。こうした流れの中で，Landgarten（1993）は新たに「マガジン・フォト・コラージュ」という方法を提案している。

「マガジン・フォト・コラージュ」は4つの心理査定課題に取り組みながら，

日本ではコラージュ・ボックス法と呼ばれる方法によってコラージュを制作する方法である。まず，第1課題として，さまざまな切り抜きの入った箱の中から，気になったものを選んでもらい，紙に貼る。そして，それぞれの絵について思い浮かんでくるものを直接紙に書き込むか，セラピストに話す。第2課題は，人物の切り抜きを4〜6枚選び，それらの切り抜きを2枚目の紙に貼る。そして，それぞれの人物が考えていること，言っていることを想像して，紙に書くか話す。第3課題は，人物の入った箱あるいはさまざまな切り抜きの箱の中から，「良い」ものと「悪い」ものを表す切り抜きを4〜6枚選ぶ。そしてそれを貼り，その写真や絵が意味しているものを紙に書くか，話す。第4課題は，人物の入った箱から1枚だけ切り抜きを選び，それを貼る。そして，その人物に何が「起こっている」のかを書くか話す。その後，その状況が変わるのかを尋ね，変わるのであれば変化を説明するような切り抜きを見つけるか，何がそれを変化させるのかを話す。これらの課題によって，クライエントは自由連想を深めていくのである。

　以上の文献は今村（2006）や森谷（2012），山上（2014）でも紹介されているが，これに加えてコラージュを用いた最近の実践として，Stallings（2011）がある。この研究では，認知症患者に対してマガジン・フォト・コラージュ法を使用してコラージュが集められることで，回想過程の一助になることが明らかとなっている。また，認知症の高齢者が十分に言語化できないことを伝える手がかりとなることが示されている。

　以上より，海外ではコラージュを心理療法の1つの手段というよりも，作業療法を目的として始まったことが分かる。また，マガジン・フォト・コラージュ法についても，森谷が『マガジン・フォト・コラージュ─心理査定と治療技法』の訳者解題において「同じコラージュに注目するのでも，TATを背景にしている場合と，箱庭療法を背景にする場合とでは，その後の発展の形が違う」（Landgarten, 1993：近喰ら（訳），2003）と指摘しているように，日本とは異なるといえるだろう。

2．中国における広がり

コラージュ療法が中国で紹介されたのは，2007年の国際表現性心理療法学会における森谷のワークショップの場である。この大会は蘇州で開催され，日本からも芸術療法に携わる多くの臨床家及び研究者が参加した。今村は第1回（2007）と第2回大会（2009）に参加し，ワークショップの補助や講師を担当した。大会は隔年開催されており，カウンセラー，学生，大学教員を中心とする数百人規模の現地の参加者は非常に熱心で活気にあふれていた。日本の文化や日本語に対する関心も高く，案内役の現地学生の非常に流暢な日本語に驚かされた。

2017年には森谷の『コラージュ療法実践の手引き　その起源からアセスメントまで』（2012，金剛出版）が，重慶出版社から『拼貼画心理疗法』として翻訳出版された。翻訳者の吉沅洪は，国際表現性心理療法学会の中心を担う一人である。吉らの貢献もあって，中国でのコラージュ療法への関心は高まっており，臨床的活用はますます広がっていくと思われる。

3．関連技法

コラージュに関連する技法の中に，写真そのものを媒介とする心理療法的アプローチがある。日本では山中（1978）の事例がよく知られている。そこでは，思春期のクライエントが自分の気持ちにピッタリくる写真を撮って持参し，内的な世界をセラピストと共有していく過程が分かりやすく示されている。

欧米でもこのようなアプローチがなされており，Loewenthal（2013）は，専門的な関与の中で，写真が人の成長に対して果たす役割に着目し，さまざまなアプローチを"Phototherapy and Therapeutic Photograph in a Digital Age"にまとめている。

これによると，最初の国際写真療法シンポジウムは，1979年に米国で開催され，これに関わった心理学者のWeiserの著書"Photo Therapy Techniques"（1999）に写真を治療のツールとして使用できることが示されている。また，

Loewenthal（2013）はこれまでの多くのPhototherapyの研究を概観するにとどまらず，スマートフォンのカメラやフェイスブック，ツィッターなどのSNSにおけるデジタル写真の普及と発展に代表されるこの"デジタル時代"において，家族のアルバムを持っているような高齢者だけではなくて，新しい世代の若者への重要なアプローチとしての潜在的な可能性を指摘している。この中で紹介されている"Talking Pictures Therapy"は，さらに"Phototherapy Europe in Prisons"という写真を用いた受刑者らの感情の学習プログラムの中に取り入れられている（Loewenthal et al., 2014）。"Phototherapy"は，広い意味で用いられており，治療的な目的で写真を見せることと，クライエント自身が写真を撮影することの両方を含んでいる。しかし受刑者を対象とする場合にはカメラの使用ができないため，このプログラムでは，刑務所の受刑者たちとの面接の中で，何枚かの写真を持参してクライエントに見せ，感情的な学習を促そうとしている。そのために，どのような写真がクライエントの心に触れ，気づきへの手がかりになるのかを考え，「Talking Picture Cards」を共同開発した。彼らの写真に対する考え方は，筆者らの『コラージュ療法基本材料シート集』の開発における考え方（本書第3章）と類似しており，共同研究者とともに膨大な写真を収集して，必要なものを選択して52枚の「カード集」が制作された。カードの内容はホームページで公開されている（http://www. phototherapyeuropeinprisons.eu）。52枚のカードの制作や選択のプロセスについての記述は見当たらないが，今村が2016年にイギリスでLoewenthal本人からカードの説明を受けた際には，「一見何でもないような風景や日用品，道具，人形などがクライエントの個人的な体験と重なり，その人自身の話をし始める手掛かりになる」と話し，筆者らの写真の内容への考え方と非常に近く，強い共感を覚えた。実際に，カードに含まれている風景や椅子などはコラージュ療法基本材料シート集の写真に似ているものがある。

　Talking Pictures Therapyのプロセスは，切り貼りして構成して作品を完成するコラージュ制作とは異なるが，クライエントが写真を見ながら連想を語るという点においては，Landgartenのマガジン・フォト・コラージュとの共通点は多い。また日本におけるコラージュ療法においても，やはり作品を見ながら制作者の思いや連想を聴くプロセスは重要である。いくつかのステップが設けら

れているところは認知行動療法的であり，大前(2012)によるコラージュにおける認知物語療法も連想される。今後も彼らの研究の発展には注目していきたい。

また，先述のLoewenthal(2013)の著書では，量的研究，質的研究のいずれでもない“視覚的研究”(visual research)という分類について述べており，この新しい分類とコラージュ療法研究の関連性なども今後検討する価値があるだろう。

| コラム2 | イギリスのアートセラピー・ワークショップ |

　2016年秋，筆者（今村）はイギリス・アートセラピー学会（BAAT：British Association of Art Therapy）の主催する1週間のワークショップに参加する機会を得た。大きなターミナルであるキングスクロス駅の隣駅の近くの古いビルにBAATの事務所と研修会場がある。ビルの1階にはクレアモントという他のアートセラピー団体が営業をしていて興味深かったが，BAATは細長い廊下を通って奥へと進み，階段を上がったところに部屋があった。参加者は24名で，そのほとんどはイギリス人である。外国人は若い香港からの女性が一人と，少し年配のスペイン女性が一人，そして筆者の三人で，語学的ハンディは言うまでもなく筆者が一番大きい。

　1週間のワークショップは，複数の講師が入れ替わり立ち替わり講義や演習を行う形式で進んでいく。講師が変わるたびに，簡単な自己紹介を求められたり，自分のバックグラウンドについて示したりするので，おおよそ参加者の様子を知ることができる。「スクールカウンセラー」やそれに近い説明をした人が複数いたが，イギリスのスクールカウンセラーは日本のように臨床心理士が中心というわけではなく，それほど専門的な位置づけではないという。他には現職の教員や教員をリタイヤしたばかりの人，ホームレスにアート活動を提供している人，子どもに絵を教えている人，ファッション・デザイナー，画家など多種多彩な人々が参加していた。とはいうものの，8割ぐらいの人が何らかの形で他者をサポートまたは指導しており，対人援助の「周辺領域」に位置するといえよう。

　こういった光景は，日本でも見ることができる。心理臨床分野の専門職対象の講習会ではなく，「カウンセリング」の市民講座やカルチャースクールにはボランティアで他者援助をする人々が多く参加しているし，教員や看護職などの周辺領域の人々に向けた心理学セミナーも盛況である。そういったものの中に「アートセラピー」をテーマにしている講座もある。また，日本芸術療法学会が毎夏開催しているセミナーは幅広く芸術療法の基礎と概要を学ぶことができ，このワークショップと類似点が見られるが，2日間という時間的制約のせいか，体験よりは講義が中心である。

　今回のワークショップの講義は，「アートセラピーとは」という基本的なところから始まり，「アートと心理学」「深層心理学」などなじみのある話であった。英語でのレクチャーについていけるか心配であったが，日本で十分に理解している範囲の話は聞き取ることができ，学んだ経験がない話題では資料がないと聞き取ることができなかった。また，語学力の問題は，講義よりもむしろ実習で深刻なものとなった。実習の時間はほぼ毎日あり，色鉛筆，クレヨン，絵具などを自由に使って自己表現をする機会を与えられる。非言語表現自体はあまり困ることなく取り組むことができるのだが，問題は表現活動後の言語化である。ペアまたはグループになって，お互いの作品を説明したり，今の気持ちを共有したりする。日本語では自然に行ってきたシェアリングだが，自分の中にある感情を言語化できず非常にもどかしい思いであった。またそのもどかしさの中で，母国

語の場合であっても，内的体験を言語化するということは，非常に注意深く言葉を探し，ぴったりとくるものを選び取るという繊細な作業なのだと，改めて気づいた。

　今回体験したワークの中に，箱を使ったコラージュがあった。"コラージュ"そのものの説明はなされず，前日に「明日は何らかの箱を各自持ってきてほしい」とアナウンスがあり，当日，それぞれに箱を持って参加した。課題は，さまざまな色紙，雑誌の切り抜き，絵具などを使って，「箱の外側には外的な自己や外見的な特徴など，内側には内的な自己や外には見せていない自分を表現すること」という。制作後には4，5人のグループでシェアリングを行い，外側に表現しようとしたことと内側に表現しようとしたことを説明しあった。臨床心理学的なワークにある程度取り組んだ経験のある人は表現に没頭できたようだったが，ほとんど経験がない人は課題の意味を理解して表現するというプロセスの中で戸惑っている様子がうかがえた。自分の内面を見つめるという作業を学生やスーパーバイジーに課すことが，筆者にとっては日常的な行いであり，自分自身もその作業を続けているが，「世の中の一般的な暮らし」の中ではそれは「当たり前」の作業ではなく，人によっては考えたこともないことなのだと改めて感じた。臨床場面の中では丁寧にクライエントの内省を手伝っているつもりであったが，それも本当に丁寧と言えるのかどうか振り返り，ゆっくりと根気強く，不安をとりのぞきながらつきあっていくことを大切にしていきたいと思う。

　筆者自身は前日のアナウンスでおおよそ課題の見当がついて，アパートにあった20cm角の紅茶の紙箱を持参することにした。スーパーで何となく「特別でない，イギリスの一般家庭で飲まれていそうな紅茶」を求めて手に取ったものだが，結構そのパッケージを気に入っていたように思う。馴染みのある課題だと思いながら，取り組み始めてみると，「外的な自己とは，こう見られたいと意識している自分の姿か，あるいは人にはこう見えているだろうという姿か」と迷いが生じる。講師に尋ねると予想通り「好きなように。あなたの思ったように」という答えが返ってきたので，仕方なく自分の中で応答しながら制作した。記念に写真を掲載するがお見せできるのは，差し障りのない「外的な自己」である。

　森谷（2012）は，1987年ごろに故木村晴氏にコラージュ療法の説明をしたところ，「そんなことはすでに知っている」と言って「セルフ・ボックス」の話をされたというエピソードを紹介している。おそらく，今回のこの箱を使ったコラージュが木村のいう「セルフ・ボックス」と同じものだろう。

　この他いくつかのワークを体験したが，帰国後にいくつかのレポートを書くなかで，非言語的な体験や状況を言葉で説明する大変さを，何重にも痛感した。心のうちにある非言語的なもの（感情，体験，自分自身）を非言語的な方法で表現するのがアートセラピーであるが，それを言語的に説明することが不要かというと，やはりそうではないと思う。私たちは心理臨床という枠組みの中で援助を行っており，そこで起きていることをできる限り言葉に変換して心理臨床的に理解していかなければならない。その中で，クライエントの状態像を正しくつかみ，適切に寄り添い手助けしていくことができるのだ。異国での体験は，言葉を越えた大きな体験だったが，言語によって内省を深めるということもかえって活性化されていたように思う。その作業の中で得たものを少しずつ，今後の臨床や教育の場で還元していきたい。

（今村　友木子）

箱を使ったコラージュ作品
一般家庭用のティーバッグが入っていた。

BAATのアート材料
ポスターカラーの容器は500ccのペットボトルに近い大きさである。

＊本コラムは，金城学院大学心理臨床相談室紀要第16号，イギリスにおけるアートセラピー体験（今村，2016）より抜粋し，修正を加えた。

材料について考える

1. どのような材料が求められているのか
—「コラージュ療法基本材料シート集」の開発プロセス

　第1章で，コラージュ療法の基本姿勢として「材料」を取り上げたが，ここでもう少しこのことについて考えを深めたい。

　コラージュ療法における「材料」とは，箱庭療法における玩具に相当するわけだが，日本に最初に箱庭療法を紹介した河合（1969）は，玩具について"できるだけ多くの種類を用意する"と同時に"一度に全部をそろえることは困難であるので，だんだんとそろえていけばよく，少数の玩具だけでも相応な表現を得られるものである"と述べている。また具体的な内容については，ぜひ用意すべきものとして"人，動物，木，花，乗り物，建築物，橋，柵，石，怪獣"をあげている。こういったアイテムを統制するということについては，山中は河合・樋口との対談（河合ら，2002）の中で「揃えたらつまらなくなる」，「展開がない」と指摘し，河合（1969）は"治療として用いる限り，できるだけ多彩な表現の可能性を引き出したいと思うので，特に指定せず，多くのものを用いる"と述べている。こういった「一定基準に揃えない」という態度は，箱庭療法の実践からコラージュ療法の実践へと引き継がれている基本的態度であろう。

　このような背景から，コラージュ療法の材料の具体的内容は上述の箱庭の玩具に準ずると考えることができる。しかし実際にコラージュ療法の材料を用意することは，森谷（2012）が指摘するように，初心者には意外に難しい課題である。コラージュ療法の材料となり得るものは，箱庭の玩具よりもはるかに多い。コラージュの材料は雑誌やパンフレットなどに掲載されている写真であるため，その内容や種類が膨大であり，このことが箱庭よりも「材料の選択」を

32 第3章 材料について考える

困難にしているといえよう。

　また，箱庭療法の玩具は，繰り返し使用することが可能だが，コラージュ療法では，材料を画用紙に貼ってしまうため，同じものを繰り返し使用することができない。これは臨床場面でも基礎研究場面でも同じである。このように一度しか使うことができない切り抜き材料によるコラージュ制作は，自由で偶発的な表現（森谷，2012）が生じる可能性が高く，それはコラージュ療法の魅力の一つである。しかし，臨床場面における継続的な制作においては，最初に出現したイメージが繰り返し現れることや，初期に登場したアイテムが終結期に再登場し，クライエントの内的な変化を表現している場合がある。このような場合，箱庭療法では同じ人形や玩具が繰り返し用いられることが多いが，コラージュでは最初の切り抜きに「似たもの」に置き換えられて表現されることとなる。そのため，セラピストがこのイメージの代用に気づくことや，代用しやすいイメージを補填しておくことが必要となる。こういった「継続的なイメージの出現」に気づき，それに応じていくことも，初心者の材料収集において見落としがちな視点であろう。

　従って，実際的な準備のあり方や使用状況において，「複数の同じ材料」や「初心者が用意する手がかりとなるような材料集」があれば，有用であると考えられる。

　また，コラージュ療法の基礎的研究においては，コラージュ制作の実施手続きを統制するため，同一の材料を準備することが望まれる。しかし幅広い内容の素材を，大量に準備することによる費用や作業の負担は膨大であり，基礎的研究への取り組みにくさにつながっている。この負担を複写という安易な方法で軽減すると，雑誌等の出版物の著作権を侵害してしまう危険が発生する。基礎的研究のレビューとして，二村ら（2014）は特にコラージュ療法のアセスメント的側面の理論構築を目指す研究に着目し，国内で発表されている47件の研究について材料の観点から検討を行った。これによると，材料を統制している研究は20件あり，全体の4割であった。コラージュ作品上の表現や内容を比較検討するためには，材料の統制が不可欠であると考えられるにもかかわらず，統制された研究が半数に満たない理由について，二村らは統制材料の準備にかかる負担をあげている。また平元（2009）は，雑誌統制の有無に関する検

討を報告しているが,「表現について検討するならば,材料の統制は必要」と結論付けている。

　以上のような検討から,コラージュ療法に求められる基本的な要素を備えた材料集の必要性があると考えられた。では,いったいどのような材料があればよいのだろうか。

(1) 実際に使われている材料の内容

　どのような材料が必要かを考えるためには,実際にコラージュ作品にはどのような材料が使用され,臨床家たちはどのような材料を準備しているのかを知る必要がある。筆者らは,作品からの内容の算出と臨床家への調査を実施した。

【作品における出現比率】

　まず,統合失調症者及び一般成人のコラージュ療法作品における内容の出現比率を,表3-1のとおり算出した。作品は,今村(2001)によって収集された作品を用いた。制作には雑誌2冊(オレンジページ・ターザン)とカラープリント5枚が材料として使用された。内容分類は,①人間,②乳幼児・子ども,③動物,④自然・風景,⑤建物・室内,⑥食べ物,⑦乗り物,⑧日用品・アクセサリー,⑨芸術・宗教,⑩スポーツ,⑪キャプション,⑫その他とした。

表3-1　作品中の内容出現比率 (今村, 2006)

	全作品 369		一般成人 214		統合失調症 118	
	使用者数	(％)	使用者数	(％)	使用者数	(％)
①人	242	13.78	152	13.61	69	14.00
②子ども	14	0.80	13	1.16	0	0.00
③動物	254	14.46	152	13.61	80	16.23
④自然・風景	283	16.12	172	15.40	89	18.05
⑤建物・室内	218	12.41	118	10.56	80	16.23
⑥食べ物	164	9.34	120	10.74	28	5.68
⑦乗り物	103	5.87	82	7.34	13	2.64
⑧日用品・アクセサリー	174	9.91	117	10.47	46	9.33
⑨芸術・宗教	176	10.02	95	8.50	62	12.58
⑩スポーツ	61	3.47	45	4.03	13	2.64
⑪キャプション	44	2.51	36	3.22	6	1.22
⑫その他	23	1.31	15	1.34	7	1.42
計	1756	100.00	1117	100.00	493	100.00

34　第3章　材料について考える

【臨床家が準備する材料の比率】

　次に，コラージュ療法実施経験のあるセラピストに対し，「コラージュ療法の材料の比率」に関する調査を実施し，45名分を有効回答とした。調査では「材料を用意する際に心がけている比率（理想的比率）」と，「入手できている比率（入手比率）」について，帯グラフに記入を求めた。その際，内容の分類は上述の作品における内容の出現比率と同じ分類とした。

　理想的比率と入手比率の比較では，①人間と⑥食べ物の入手比率が理想的比率より多く⑨芸術・宗教，⑩スポーツ，⑪キャプションの理想的比率が入手比率よりも上回った。また，臨床経験（初心者群：修士修了後2年以内，経験群：3年以上）による比較を行ったところ，③動物については，初心者群のほうが経験群よりも理想的比率が高い傾向にあり，⑨芸術・宗教については，経験群は初心者群よりも入手比率が有意に高かった。経験群の理想的比率を表3-2に記載した。

　これらのことから，芸術・宗教に関する切抜きは作品によく出現するものの，実際には集めにくく，経験者は初心者よりも意識的に集めていることがうかがわれた。

表3-2　経験による「理想的比率（%）」の比較

	初心者群（$N=15$）		経験群（$N=30$）		
	M	SD	M	SD	t
①人間	16.80	13.58	15.55	9.52	0.36
②子ども	7.87	5.25	11.05	7.65	−1.45
③動物	13.67	7.90	9.76	5.15	1.74[†]
④自然・風景	12.33	9.04	11.76	6.37	0.25
⑤建物・室内	6.67	4.08	7.76	3.32	−0.97
⑥食べ物	8.50	3.25	9.76	3.56	−1.15
⑦乗り物	7.47	4.12	7.15	3.75	0.26
⑧日用品・アクセサリー	9.33	7.82	9.57	5.80	−0.11
⑨芸術・宗教	3.87	3.38	5.74	3.83	−1.60
⑩スポーツ	7.37	9.26	5.34	2.88	0.83
⑪キャプション	3.47	3.39	4.26	3.22	−0.76
⑫その他	2.67	3.06	4.11	4.63	−1.09

†$p<.10$

表 3 - 3　経験による「感覚的比率（%）」の比較

	初心者群（N=15）		経験群（N=30）		
	M	SD	M	SD	t
①人間	16.33	8.12	18.60	10.19	−0.75
②子ども	9.80	7.26	10.73	7.74	−0.39
③動物	11.20	7.08	9.48	5.41	0.91
④自然・風景	14.33	9.42	11.46	5.87	1.27
⑤建物・室内	6.73	4.48	8.08	2.95	−1.06
⑥食べ物	12.33	10.15	11.38	5.80	0.40
⑦乗り物	6.27	4.35	6.59	3.93	−0.26
⑧日用品・アクセサリー	9.03	10.52	10.22	10.31	−0.36
⑨芸術・宗教	1.99	2.31	4.27	3.16	−2.49*
⑩スポーツ	5.69	9.76	4.49	3.56	0.46
⑪キャプション	3.32	3.72	3.41	3.15	−0.09
⑫その他	3.32	4.38	2.06	3.04	1.14

*$p<.01$

(2)「材料集」に関する意識調査

　コラージュ療法研究のあり方や初心者と経験者の材料収集の違いなどを考えると，何らかの統一的な材料集は必要と考えられる。しかしながら，画一的なものへの抵抗も当然あると考えられる。そこで筆者らは，"コラージュ療法の量的研究に必要な基本材料集"についての意識調査を実施した。調査は2012年に実施し，臨床または研究の目的でコラージュ療法に関わりを持つ96名の回答を有効回答とした。質問紙では臨床経験，臨床領域，コラージュ療法経験，コラージュ療法における基本材料集についての意識（興味がある，表現が制限されるなど10項目6段階）に関して尋ねた。基本材料集についての意識の項目からは，因子分析（主因子法，プロマックス回転）によって，「臨床的懸念」「積極的関心」「必要性」の3因子が抽出され，各因子の平均値を下位尺度得点とした。3つの下位尺度について，被験者内での比較を行ったところ，有意な差があり，臨床的懸念は他の2つよりも有意に低いことが示された。次に臨床経験（初心者群：修士修了後2年以内，／経験群：3年以上）によって，これら3下位尺度の比較を行ったところ，「積極的関心」については初心者群のほうが経験群よりも有意に高い関心を持っていることが示されたが，「臨床的懸念」と「必要性」については臨床経験による差は見られなかった。

　以上の結果から，回答した心理臨床家は全般的に，基本材料集について「あ

36 　第3章　材料について考える

れば使ってみたい，研究のためには必要」といった肯定的な意識を持っており，これは「表現が制限されるのでは」といった懸念よりも高いことが分かる。臨床経験が少ない層はより積極的な興味を持つことが分かった。

表3-4　因子分析

	I	II	III
α＝.873			
4．表現性が制限される	.932	.158	−.077
5．偶然性がそこなわれる	.931	.069	.020
6．素材を選ぶ臨床的センスの成長を妨げる	.622	−.275	.155
7．臨床観が反映されない	.613	−.172	−.053
α＝.902			
1．興味がある	−.013	.858	.132
3．あれば便利だ	.010	.857	−.095
2．使ってみたい	−.009	.853	.072
α＝.708			
8．研究のためには必要だ	−.042	−.158	.891
9．初学者によい手がかりとなる	.017	.157	.652
10．作品のアセスメント的な理解がしやすくなる	.033	.206	.439

因子間相関	I	II	III
I	—	−.403	.112
II	−.403	—	.272
III	.112	.272	—

表3-5　関心の持ち方（N＝79）

	1．臨床的懸念	2．積極的関心	3．必要性	F
関心	3.20（.90）	3.74（1.02）	3.78（.712）	10.45***

1＜2**，　1＜3***

***p<.001，　**p<.01

表3-6　各関心の経験による比較

	2年以内	3年以上	t
臨床的懸念	3.15（0.74）	3.24（1.03）	−0.42
積極的関心	4.03（0.74）	3.50（1.15）	2.47*
必要性	3.88（0.63）	3.71（0.77）	1.08

*p<.05

（3）試作版材料シート集の作成と検討

　上記の材料の比率を踏まえて，各種の写真を収集し，試作版材料集を構成した。写真は筆者らによって撮影されたものが中心であり，他に筆者らの知人らによって提供されたもの，既成の写真素材データとして販売されているものを含んでいる。人物の写真は，使用目的を説明し被写体の許可を得て撮影したか，または写真の提供を受けた。既成の素材については印刷物への使用が許諾されているものを利用した。

　これらの写真を加工・編集して，6〜9枚ずつ，Ａ4サイズに収まるように配置し，計19枚の材料シートを作成した。これに自由度の高い材料として無地のＡ4カラー用紙（水色・ピンク）を加え，計21枚を紙封筒に入れて「コラージュ療法材料集（試作版）」とした。

　この試作版を用いて大学生や心理臨床家らにコラージュ作品を制作してもらい，その使用感を尋ねた。心理臨床家には研究会などの機会を用いて，質問紙だけでなく口頭での意見も収集した。

【使用感の比較】

　実際のコラージュ制作における使用感について，自由な材料を使用した群（自由材料群）と試作版材料シート集を使用した群（シート集群）における違いを比較した。

　2013年6月から11月までの間に大学の授業内（臨床心理学分野）で，コラージュ制作を実施し，制作後に質問紙を配布した。対象者は自由材料90名，シート集99名の女子大学生である。コラージュ制作の台紙には八つ切り画用紙を使用した。自由材料群は参加者が材料を持参したが，ファッション誌などに偏っているため，自然風景や動物などが含まれる材料を施行者が補填した。シート集群は，1人ずつ封筒に入った材料を配布した。

　使用感の質問紙では，写真やイラストの大きさ，写真の品質，ほしい材料の探しやすさ，材料の種類の多さ，材料の全体の多さ，切り抜きやすさ，写真やイラストの内容という7項目について，「大変不満である」から「大変満足している」までの6件法で尋ねた。不満であると回答した項目については，その不満の具体的内容を自由記述で求めた。また，使いたいと思ったが材料になかっ

た内容についても記述を求めた。自由材料群は90名中86名，シート集群は99名中97名分を有効回答とした。各項目の平均値を2群間で比較したところ，「写真の品質」についてはシート集群のほうが満足感が高い傾向が示されたが，「写真やイラストの大きさ」「写真やイラストの内容」といった他の6項目には有意な違いが見られなかった。

　従って，試作版材料集は一般的な雑誌などのコラージュ材料と遜色のない仕上がりであることが示された。「写真の品質」についてやや高い満足が得られたことについては，「コラージュ療法の材料」ということを意識した撮影，編集によるものであると考えられる。雑誌などでは，使いたい対象に文字が重なってしまったり，多数の物が同時に含まれていたりすることで，切り抜きとしては使いにくい写真が多い。一枚一枚を「コラージュのための使いやすい写真」として用意したことが，写真の品質の評価につながったと考えられる。

【臨床家等の意見】

　国内各地のコラージュ療法研究会において，試作版材料シート集によるコラージュ制作をした後，使用感の質問紙を実施し，口頭での意見交換によって意見を収集した。参加者は合計99名（協力を得たのは3研究会）である。

　口頭の意見交換では，次のような意見が得られた。「中高生に使用するとしたら，彼らの関心が高いアニメーションは必要ではないのか」「全体に古いか懐かしいような印象，最新のものが含まれていない」「雑誌よりも，無駄な部分がなく，凝縮されていて使いやすいと感じた」「個別には不足なものもあるが，何かに投影することが大切なので，投影できるような元型的なイメージがそろっていればよいのではないか」「怒りを表現する素材が見当たらない」「アセスメントとしての活用価値は高いだろう」「色紙はもっとあってもよい」などである。

　また自由記述では，写真の大きさについての記述が多く見られた。「大きい写真がほしい」「小さい写真がほしい」など幅広い意見があり，さまざまな大きさの写真を用意しておく必要があると考えられる。特に風景についてはより大きなものを求めている傾向がうかがわれた。内容としては，海の生物や天体などが複数あげられ，充足の必要性が感じられた。その一方で「アーティスト」

や「キャラクター」は，肖像権及び著作権の問題から材料集に含めることは困難であろう。同様に，中高生の関心が高い「アニメ」も困難である。彼らは「アニメ的な絵」の全般が好きなだけではなく，特定のキャラクターに思い入れを持っている可能性が考えられる。そういった個別性の高いものを，普遍的な活用をめざす材料集に含むことは難しい。しかし，彼らがそこに託している「感情」や「イメージ」の部分を，表出しうるような材料は揃えておくべきであろう。これらの意見収集を経て，喜怒哀楽や抽象的なイメージという視点から内容を再検討する必要性が感じられた。内面を十分に表出するためには，攻撃性や孤独感などのイメージを伴うような写真も必要であると考えられた。また，「不足しているイメージを色紙で補った」「黒や紫などの色紙がほしい」など，色紙についての記述も見られた。

(4) 試作版の修整
【全体的内容について】

　自由記述や口頭での意見収集において，重複して見られた意見を中心に検討を行い，「古いもの・新しいもの」「自然な女性像」「リゾート的な海」「大きな写真」「イラスト」などの内容を加えることとした。これらの内容を加えても，全体の量が増えすぎないように，景色や建物などの中で，これまであまり使用されていない写真を削除した。「古いもの・新しいもの」としては黒電話とノートパソコンの写真を加え，新旧の通信手段を揃えた。他に，下記のような観点から修整を行った。

【あそびについて】

　まず，コラージュ療法の大きな魅力である「あそぶ楽しさ」を引き出すことのできる材料集とするため，あそび心の感じられるアイテムを加えることとした。そのひとつが「恐竜」の写真である（図3-1）。茂みに置かれた恐竜の玩具の写真には，落書きのような赤と黄色の線が書き加えられ，口から噴き出す炎が表現されている。恐竜が「怪獣」のようにユーモアを伴って表現されていると同時に，「落書き」を誘いかけるようなタッチでもある。そのほかにも「落書き風」の顔の絵（図3-2）や，動物の写真の間にちりばめられた小鳥のイ

ラスト，クリスマスツリーや雪だるまなどによって，絵本のような楽しさや親しみが増したと考えられる。また当初は中学生以上を想定していたが，これらのイラストの追加によって，より年齢の低い幼児や小学生も使用対象として含むことが可能になったと考えられる。

　また，季節感のあるイラストは，多くの人が共有できる一般的な「冬」や「夏」のイメージであり，精密すぎない単純な筆致で描かれ，普遍性の高いものとなるよう配慮した。

【ネガティブな感情表出について】

　コラージュ制作を通して感情表出を促すためには，喜怒哀楽を表現できるアイテムが必要である。喜びなどの肯定的な感情の表出は，すでに試作版に含まれていた笑顔の人物や花の写真などで表現可能であると思われるが，怒りや攻撃性の表現については十分とはいえなかった。そこで，まず直接的には喜怒哀楽の4つの表情のイラストを追加した。また，漫画などで爆発や怒鳴り声の吹き出しなどに用いられるようなイラストを追加した。先述の恐竜の写真はあそび的な表現だけでなく攻撃的な表現としても使用可能と考えられる。炎は，攻撃的な炎とも暖炉のような温もりとも受け取ることのできる写真を選んだ。

　悲しみの表現は，直接的なアイテムとしては4つの表情イラストの「泣き顔」が追加されただけであるが，すでに試作版に含まれていた「うずくまる人」の塑像も悲しみや苦しみを表現できるアイテムである。他には人物のいない風景写真や静物的なアイテムが多く含まれており，これらの組み合わせによって，悲しみや抑うつ的な気分は表現可能であると考えられる。また，後述の「黒」の色紙の追加も否定的な気分の表出を助けるであろう。

【配置について】

　「余白が少なくて切りにくい」という意見から，細かな余白があるよりも，余白がなく写真が連続していたほうが切りやすさにつながると判断した。また，すべてのシートの四辺の余白も細く切り落としにくいことから，用紙いっぱいに印刷する裁ち落とし印刷の手法を採用することとした。これらの修整によって，各写真はA4サイズのシートから切り出しやすくなった。さらに，シート

ごとの内容のまとまりが不十分であったため，配置を変更して，内容のまとまりを高めた。

【無地色紙の意義について】

　本材料集には，試作版の段階で「ピンク」と「水色」のＡ４サイズの色紙が含まれ，修整の際に「黒」を加えた。これらの無地の色紙に関する注目は，臨床家からの意見収集において複数見られた。無地の色紙は特定の形を持たないため，「涙」「空」「リボン」など，制作者が自由に見立て，活用することができる。このように写真の内容と関係のない何らかの形を切り出しているものを今村（2001）は「創作」と分類した。また，これらの色紙は縁取りや背景色としても用いることができる。このように自由度の高い色紙は材料集における内容やイメージの不足を補う役割を果たしているといえよう。試作版のピンクと水色は，明るく柔らかみのある色調であったため，温かみのある感情やイメージの表出には使用しやすいが，暗い，怖いといった否定的な感情を投影することは難しい。そのため修整にあたり，暗く濃い色として，黒を加えることとした。これにより，「夜」や「暗がり」といった背景の表現や，否定的な感情表出の他，はっきりとした「枠」としての利用も可能となりさらに表現の幅が広がったと考えられる。また，服部（1999）は対人恐怖症の事例の中で「覆う」表現や「重ね貼り」などの表現特徴を見出している。無地の色紙は，このような「覆う」「隠す」などの表現にも利用しやすいと考えられる。その際に，色のバリエーションもある程度必要であり，今なお十分ではないかもしれないが，黒の追加は不可欠であると考えられる。

（5）「コラージュ療法基本材料シート集」の完成

　上述のように修整された材料集を200部印刷し，臨床心理士の研修会におけるコラージュ制作と臨床場面において使用した。これらの制作と制作後の振り返りにおいて，自由材料と同様に内面を表現しうることが確認された。一方で，試作版における振り返りの際に「写真の色調の暗さ」が指摘されていたが修整されておらず，今回の臨床心理士による制作の際にも，同様の指摘が見られた。そこで，特に修整が必要と思われた写真９点について色調補正を行い，「コラー

第3章 材料について考える

表3-7 「コラージュ療法基本材料シート集」の内容一覧

sheet	人間	子ども	動物	自然・風景	建物・室内	食べ物	乗り物	日用品・装飾品	芸術・宗教	スポーツ	キャプション	その他	内容のべ計	アイテム計	イラスト*****
①	0	0	0	5	1	0	0	1	0	0	0	3	10	7	0
②	0	0	0	6	2	0	1	0	0	0	0	0	9	6	0
③	0	0	0	4	3	0	1	1	0	0	0	1	10	8	0
④	1	2	1	0	5	0	0	1	0	0	0	0	10	7	0
⑤	8	2	0	1	0	0	0	0	0	0	0	0	11	8	0
⑥	7	0	0	1	0	0	0	1	0	0	0	1	10	7	0
⑦	4	4	0	0	0	0	0	0	0	0	0	0	8	8	1
⑧	0	0	12	0	0	0	0	0	0	0	0	1	13	12	1
⑨	0	0	12	0	0	1	0	0	0	0	0	0	13	12	3
⑩	0	0	0	1	0	8	0	0	2	0	0	0	11	10	1
⑪	5	0	0	0	0	0	0	7	0	0	0	0	12	11	0
⑫	0	0	1	0	0	8	0	0	0	6	0	0	15	9	3
⑬	1	0	0	0	0	1	0	7	4	0	0	1	14	13	0
⑭	3	0	0	0	0	0	7	0	0	0	0	0	10	9	0
⑮	4	0	1	0	3	0	0	7	0	0	0	0	17	9	0
⑯	0	0	1	7	0	0	0	0	4	0	0	1	13	8	0
⑰	0	0	1	0	4	0	1	0	1	0	0	1	8	8	0
⑱	0	0	2	3	0	0	0	1	1	0	8	2	17	16	4
⑲	4	0	0	3	0	0	0	2	2	0	2	4	20	18	13
⑳	1	0	0	1	0	0	0	0	2	0	0	0	4	3	0
種別計	38	8	31	32	18	18	10	28	16	6	10	15	235	189	26
内容比率（%）	16.17	3.40	13.19	13.62	7.66	7.66	4.26	11.91	6.81	2.55	4.26	6.38	100.00		
作品出現率（%）*	20.11	4.23	16.40	16.93	9.52	9.52	5.29	14.81	8.47	3.17	5.29	7.94	124.34		
経験者理想（%）**	15.55	11.05	9.76	11.76	7.76	9.76	7.15	9.57	5.74	5.34	4.26	4.11			
試作版比率（%）***	17.10	4.15	10.88	13.99	10.88	8.29	4.66	12.95	6.74	3.11	3.63	3.63	100.00		

*作品出現率は，今村（2001）の調査時における一般成人214名と統合失調症者118名の作品における出現率である。

**経験者理想は，臨床家が準備する材料の比率に関する調査における回答に基づく。

***試作版比率は，今村ら（2014）による試作版材料シート集の内容用比率を再検討し修正したものである。

****イラストのアイテムについては，内容のみを比率に反映し，「イラスト」というアイテム形態は比率外とした。

*****イラスト出現率は，「イラスト」というアイテム形態である。

1. どのような材料が求められているのか　43

図3-1　シート⑨

図3-2　シート⑲

ジュ療法基本材料シート集」の完成とした。

(6) コラージュ療法基本材料シート集の活用可能性

　本材料集を使用することによる利点は，基礎研究，心理臨床のいずれにおいても少なくないと考えられる。

　まず，基礎研究においては，研究者は何種類もの雑誌を大量に購入することなく，統一材料の準備をすることが可能となる。この利点は，特に短い研究期間で課題に取り組まなければならない大学院生には大きなものとなるだろう。試作版を活用した基礎研究も行われており（今枝ら，2013，2014；藤掛，2014），完成版の本材料集もすでに活用され始めている。またさまざまな研究において，同じ材料が使用されることにより，研究間のコラージュ表現の比較が可能となる。これまで統合失調症（今村，2001），アルコール依存症（伊藤・石井，2009），アルツハイマー（石崎，2000）といった疾患群の表現特徴や，乳幼児（西村ら，2011），小学生（滝口ら，1999），高校生（加藤，2003），大学生（山上，2012）といったさまざまな発達段階の表現特徴が検討されてい

44　第3章　材料について考える

るが，材料が異なるため各群間の特徴を直接比較することができなかった。今後は，複数の研究者が共通の材料を使用することによって，より広がりのある比較をすることが可能になり，各疾患や各発達段階の表現特徴をより明確にすることが可能となると考えられる。これらの研究の発展は，コラージュ表現のアセスメント的理解へとつながるだろう。

　次に，心理臨床場面においては，セラピーの導入期や非言語的面接の導入の際に，偏りの少ない本材料集を使用することにより，クライエントの意識的・無意識的な関心や興味の幅，気分などをうかがうことが可能であると考えられる。セラピストが本材料集の内容についてよく把握し，より多くの事例に導入するに従って，個々のクライエントの特徴を捉えやすくなり，アセスメントとしての役割を果たすことができるだろう。また侵襲性が低く，あそびの要素を含んだコラージュを初期に導入することは，クライエントの緊張を和らげ，セラピスト・クライエント間の交流や，クライエントの自己洞察への橋渡しとなることも考えられる。さらに導入期だけでなく，ある程度セラピーが進展した段階や節目と思われる時期に，再度，本材料集を使用してコラージュ制作をすることにより，クライエントの内的変化を捉えやすくなると考えられる。

　また，本材料集は当初，「バランスよく幅広い材料を含むこと」を主眼においてアイテムの収集がなされたが，それ以外にも雑誌材料にはない特徴を伴ったものとして作成することができた。まず，過剰な刺激と思われるものは排除されている。このため幅広い対象者に安心して材料を提供することができる。次に，広告などの不要な文字情報を含まない。雑誌では，使用したくなるような魅力的な写真のうえに見出しや広告などの文字が印刷されていることが多く，たくさん写真が掲載されているような雑誌でも，きれいに対象を切り出すことのできる写真は限られている。本材料集では「使いたい」と思った写真をどれも使うことができ，写真選択のジレンマが排除されている。同様に，雑誌では紙の両面に写真が印刷されているため，「どちらも使いたいが，片方しか使えない」という場合も多くある。本材料集では片面のみの印刷によって，このジレンマも解消されている。こういった特徴は，「雑誌よりも，無駄な部分がなく，凝縮されていて使いやすいと感じた」という制作者の感想につながった。またＡ４サイズのシートという形状も，片手で持つことができ，扱いやす

い材料となった。これらの性質は，制作者が素材を切り抜くというマガジン・ピクチャー・コラージュ法の特徴を持ちながらも，コラージュ・ボックス法のような"ほどほどの制限"や"制作者への配慮"という"守り"を持ち，両者の長所が共存しているといえよう。

(7) もう少し考えておくべきこと

　これまで，統一的な材料集の開発と活用による利点を述べてきたが，今後の活用における懸念もある。第一にあげられるのが，研究者や臨床家が文字通り「手っ取り早い」材料として本材料集を使用し，材料に対する吟味を行わなくなることである。心理臨床場面においても基礎研究場面においても，制作者（臨床場面の場合はクライエント，基礎研究の場合は研究対象者）に必要な材料はどんなものかを考えることは重要である。そして，本材料集であれ，違う材料であれ，それをじっくりと手に取り，この材料を制作者がどのように使用するのか，制作者がこの材料を通じてどのような表現をするのか，制作者の視点に立って材料に向き合うことが求められる。そのためには，やはり実施者（セラピスト，または研究者）自身が，さまざまな材料によるコラージュ制作と本材料集による制作の両方を体験していることが必要であると考えられる。制作体験を通して，材料の内容に対する理解だけではなく，材料集を受け取ったときの期待や不安といった感情，制作に要する時間や，材料の切りやすさ・切りにくさ，自己の内面を表出する際の達成感や葛藤など，非常に多くのものを得ることが出来る。特に臨床場面においては，クライエントにコラージュ療法を導入する時期や，どのような方法を提示するのかなど考慮すべき事柄は多い。コラージュ療法においてセラピストがしっかりとした制作体験を持つことが重要であるのは，箱庭療法における制作体験の重要性と同じである。

　研究者の場合，プランによっては，同じ材料を使用して何度かの制作を求めることが考えられる。このようなプランでも，研究者自身が複数回，同じ材料で制作することによって，その間隔や回数について吟味することが望ましい。

　臨床場面の場合，すでに述べたように，本材料集はアセスメント的活用など，コラージュ制作の最初や限られた回で用いられるべきものであり，他の回においては，そのクライエントにとって必要な材料をセラピストが用意するべきで

あろう。「クライエントにとって必要なもの」とは，バランスの取れた一般的な材料に加えて，本材料でクライエントが気に入って使った種類のもの，クライエントの臨床像に合いそうなもの，その時々に抱えている課題や，内面を表出できる手がかりとなりそうなものを指す。クライエントのことを十分に思い描いて材料を用意することは，より深いクライエント理解につながるはずである。臨床場面において，同じクライエントに本材料集を連続して使用することは，コラージュ療法の魅力である材料と出会う新鮮な驚きや偶然性を損なうことにつながると考えられ，注意が必要である。本材料の導入時期，対象とするクライエントについて，十分に吟味したうえで使用することが望まれる。

また本材料集の封筒には，コラージュ制作者宛のメッセージとして，「この封筒には，プリント①〜⑳と，無地色紙3枚の合計23枚の材料が入っています。中身を出して，全部そろっているか，確認をしてから使用してください。」と印刷されている。基礎研究場面では，複数の制作者に配布するため，このメッセージを教示の一部として研究者が読み上げるか，各自が読んでから中身を出すことを教示し，制作者自身が封筒から材料を出すことになる。しかし臨床場面においては，コラージュ・ボックス法の際に箱のふたを開けてクライエントに材料を見せるのと同様に，材料集の写真が見えた状態で渡したほうが，クライエントは安心して材料に接近することができると考えられる。この際，封筒のメッセージもセラピストが読んで，封筒から材料を出して手渡す，広げて見せるなど，クライエントに応じた配慮が求められる。

以上のとおり，「コラージュ療法基本材料シート集」の開発プロセスと活用のあり方についての考えを述べた。着手当初の動機は基礎的研究における必要性に重きがあったが，臨床家にとっての基本的な材料集の必要性にも看過できないものがあった。開発の過程で臨床場面を想定した配慮や修整が多々加えられた結果，当初の想定よりも，臨床場面で使用しやすいものとなったと考えられる。多くの道具がそうであるように，使えば使うほどに，長所・短所を含めて材料集への理解が深まり，その使用によって把握できることも増していくと考えられる。今後，本材料集がさまざまな基礎研究や事例研究で用いられ，コラージュ療法の発展とクライエント理解に寄与するものとなることを願う。

2.「普通の材料」について，もう一度考えてみる

　これまで，「コラージュ療法基本材料シート集」の開発プロセスを述べてき
たわけだが，「基本材料シート集」にとって大切なことのほとんどは，すなわ
ち「コラージュ療法の材料」に普遍的に大切なことである。2015年の開発後，
少しずつ使用する機会が増えてくる中で，この開発プロセスを通して見えてき
た，「コラージュ療法の材料にとって大切なこと」をまとめておきたい。

(1) 一通りの内容をそろえる

　「一通り」ということが初心者には難しい課題であったが，表3-7に示した
ようなコラージュ作品の内容分類は，一つの手がかりになるだろう。この分類
に従って，それぞれの内容を見ていきたい。

　まず，「人間」といっても老若男女が必要であるが，特にクライエントと同
世代の人物は男女とも用意し，その表情や動きにも注意をはらっておきたい。
「動物」もできれば大型の動物の中からいくつかと小動物をいくつか用意する
が，クライエントがペットを飼っていることが分かっている場合は，その動物
は多めに用意すると良いだろう。実際には飼っていなくても「本当は猫が飼い
たい」と，猫の写真をたくさん貼る人もいる。「自然・風景」や「建物・室内」
の写真は比較的入手しやすく，大きな写真も小さな写真も用意することができ
る。大きな風景は背景のように使われることも多い。実施の時期と同じ季節の
写真は当然必要だが，四季をそろえておくと，季節の移り変わりに沿った表現
がされる場合もある。「食べ物」の写真は多くの雑誌に掲載されており，和食，
洋食，デザート，フルーツなど，いくらでもあるといっても言い過ぎではない。
食卓の雰囲気を感じられるような家庭料理や甘いもの，温かい飲み物の写真を
用意しておきたい。

　「乗り物」「日用品・装飾品」は，クライエントの性別や雰囲気，関心によっ
てずいぶん選ぶものが違ってくるだろう。始めから多くを入れるというよりは，
少しだけ入れておいて，様子を見ながら増やしていくと良いのではないだろう
か。女性セラピストが入手しやすい雑誌で写真を集めると，家庭的な日用品に

偏ってしまうところがある。基本材料シート集の制作体験では，男性から「万年筆や地球儀など，使いやすい小物が入っている」という意見が聞かれる。文具やビジネスバッグ，コンピューターのようにやや無機質な事務用品などもクライエントに合わせて用意する必要がある。

「芸術・宗教」は，経験者別の材料比率で差が見られた内容であり，「見落としがちなもの」として注意しておかなければならない。街中にある美術展の案内や，寺社仏閣が含まれた観光案内など，決して入手困難なわけではないため，材料に入れるかどうかは，意識の差によるものだろう。お地蔵さんのイラストや美しい教会の写真は雑誌にも多く掲載されている。少しで良いので，忘れずに入れておきたい。

「スポーツ」「キャプション」「イラスト」は必ず必要というわけではない。クライエントに合わせた「プラスアルファ」の部分と考えておくとよいのではないだろうか。「キャプション」があると作品にまとまりが生じて，表現したいことが明確になってくることが多い（今村，2006）。そこで，題名をつけるのが難しい場合に，ぴったりとくる「キャプション」を選んでもらうといった工夫が考えられる。そういったときに材料に加えられるように，セラピストの手元にいくつか集めておく。「イラスト」はあそびにつながる要素として注目しておくと良いだろう。

(2) 全体のバランスを考える─見落としがちなことに目を向けて
【新しいものも，古いものも】

新しいものは，最新の流行を掲載している雑誌などで比較的容易に収集可能だが，古いものも意識しておきたい。古いものや，昔から変わらない風景などに関心をよせ，懐かしさや喜びを表現されることは年配の人に多く見られるが，比較的若い人でも，古いものを選ぶことはよくある。後の章で紹介する作品には，見事に新旧の両方が扱われている。クライエントに合わせつつも両方を材料に取り入れることが大切である。新しいものは非常に現実的な物体そのもの写真であり，個別性が強いため，「今，現在」のクライエントの意識的な世界に接近しやすく，古いものは，その写真そのものというよりはある時代を代表する「イメージ」に近いため，「過去」またはクライエントの「内側」にある

内的体験の世界に接近しやすいのではないだろうか。

　余談だが，基本材料シート集の制作では，博物館などで写真撮影を行うことによって「古いもの」を容易に収集することができたが，「新しいもの」をどう取り入れるのかに苦慮した。流行の移り変わりは激しく，今日この時点での「新しいもの」は1年後，2年後には「古いもの」になってしまう。長く使う材料集が何年も新しさを維持し続けることは難しい。

【あそびのあるもの】

　「あそびのある表現」を引き出すようなものを材料に入れておくとよいだろう。それはすでに述べた「あそぶ楽しさ」を引き出すことでもあるが，「あそび」は楽しさのみにつながるのではなく，第1章で述べたように，「自由に表現すること」へとつながる。コラージュは，「切り抜いて貼る」あるいは「切り抜きを選んで貼る」ことで制作するが，細かなルールはない。四角い切り抜きばかりを用いることや，隅からきちんと整列したように貼ることも見られるが，形を無視した切り方をしたり，絵本のように画用紙の上に何ページかを制作したりするような表現も見られる。箱の中にはさまざまな形の材料，どのようにでも使えるような地模様の紙や色紙などを入れておき，クライエントが自分の好きなように使って良いのだと感じられるようにしておきたい。

【明るいものも，暗いものも】

　上述のとおり，コラージュの体験は「楽しさ」をもたらすことが多い。しかし，「楽しい」ことをクライエントに求めるのがセラピストの役割ではない。クライエントは，苦しさや辛さ，怒りなどさまざまな感情を抱えている。本材料集の修正のプロセスで述べたとおり，ネガティブな感情表出をできるような材料を入れておくことも必要である。多く入れる必要はない。暗いもの，怖いもの，気持ち悪いものを少し入れておく。使うか使わないかはクライエント次第であり，わざわざ使うようであれば，そこに込められている思いを丁寧に聞いていく。

（3）足りないものを尋ねること

コラージュ制作後には、「作ってみてどんな感じですか？」「何かストーリーがありますか」「一番気に入っているものは？」といった作品に込めた思いを尋ねることが重要である。その延長として「何か足りないものはありませんでしたか？」という質問をすることも珍しくはないかもしれない。筆者らは材料集の修正のために、必ず制作者にこの質問を投げかけていた。しかし、現在は異なる意味において、この質問の重要性を改めて感じている。ある制作者との印象深いやりとりを通してその意味を説明したい。材料集には、自動車、自転車、飛行機など複数の乗り物が含まれているが、ある男性は制作後に「乗り物はあるけど、バイクはないんですね」と言った。そこで筆者は「バイク、お好きなんですか」と返した。この短いやりとりをきっかけに、制作者のバイクへの思いを聞くことができた。同じようなことは他の写真でも生じる。海の写真は複数あるが、「思ったような海がなかった」と言うとき、その人の心の中には、その人にしか思い描くことのできないような「海」がある。そのような時には「どんな海ですか？」と尋ねることで、その人が思い描く季節や時間、におい、海の思い出など、コラージュには貼られていない心象風景に触れることができるのだ。

こういった「足りなさ」は、画一的な材料集において、より一層はっきりと浮かび上がるものだが、一般的な材料による制作時にも、このやりとりを大事にしたい。「足りないもの」という質問だけでなく、「本当はもうちょっと違う写真だったらよかった、というようなものは？」と尋ねてみると、「本当はもっと大きな人を貼りたかった」「こんな新しい家ではなくて……」など、それぞれに貼りたかった「本来のイメージ」に接近することができるだろう。

3. まとめ

コラージュ療法の「材料」について、雑誌から自由に集めてくる材料と、筆者らが開発した材料とを合わせて検討して感じられることは、どちらも同じ材料であって、考えなければならないことは同じである、ということだ。「基本材料シート集」は何か特別なものではなく、さまざまなものを集める際の苦労

をいくらか軽くしただけにすぎない。材料を通してクライエント（制作者）を思い描いてほしい。材料に向き合うことは，クライエントに向き合うことである。

「コラージュ療法基本材料シート集」の使用にあたって

　前章で紹介した「コラージュ療法基本材料シート集」は，ホームページを通じて購入することが可能であるが，その使用に当たっては，「コラージュ療法基本材料シート集の利用に際して」という具体的な注意事項を配布している（章末参照）。臨床用と基礎研究用が用意されているが，そこに共通している考え方を説明しておきたい。

　まず，コラージュ療法を導入するためには，セラピストにコラージュ制作の体験が必須であるのと同じように，この基本材料シート集による制作を他者（クライエントや研究協力者）に求めるのであれば，自らが制作を体験しておくことが必要である。紙封筒から材料を取り出したときの印象，一枚一枚の写真の印象，材料を探すプロセス，ハサミで切り抜く感触や手間などを自分の感覚として確かめておいてほしい。複数のスタッフによるチームで実践にあたるのであれば，そのチームで制作を体験しておくことも有用だろう。シェアリングのプロセスの中で，自分たちの体験を交換するだけでなく，実践の対象となるクライエントたちがこの材料をどのように使用するのか，想像して話し合うことで，それぞれの抱くクライエント像を共有することができる。またその中で，いつ，どのタイミングで使用するのが良いかなど，具体的な実施についても考えることができる。こういったことについて，クライエント像を思い描きながら準備を進めておくことは，大切なことである。臨床用の手引きではこの次に，「『コラージュ療法基本材料シート集』を用いる臨床的意義・治療的意義について十分吟味し，適当と思われるケースにおいて活用する」としているが，この吟味は制作体験があってこそ可能になると考えられる。また研究における活用であっても，糊，ハサミの準備，画用紙と材料集の配布などの手順を実際の体験を通して詳細に思い描いておくことで，円滑な実施が可能となる。

　また基本材料シート集による制作だけを体験するのではなく，一般的な雑誌

から切り抜いて制作するマガジン・ピクチャー・コラージュ法，ある程度切り抜きを箱に入れておいて制作するコラージュ・ボックス法も，当然ながら体験しておいていただきたい。どのクライエントにどのようにアプローチするのか，コラージュ・ボックスには何を入れておくのか，制作の体験なく準備することは困難である。

　次に，基本材料シート集は「1人につき，1セット」を使用する。使用したことがない人にとっては，なぜこの但し書きがあるのか理解できないほど当たり前のことに聞こえるだろう。ところが，一度制作してみると，少し切り抜いただけのシートや，未使用のシートが手元に残り，これを何らかの用途に活用できないか，という気持ちが湧いてくる。開発者の筆者らもその思いは共感できるが，基本材料シート集による制作がアセスメント的役割や定点観測の役割を果たすためには，やはり中途半端な使用は避けなければならない。他の材料に基本材料シート集の切り抜きが混ざって使用されることや，複数のシートが重ねて使用されること（たとえばシート集に1枚しかないウサギの写真が複数ある状態で使用されること）は，基本材料シート集の意味がなくなってしまう。従って，一度ハサミの入ったシートは潔く処分しなければならない。切り抜かれていないシートは，それだけを別に集めておいて，①〜⑳のシートとピンク，水色，黒のセットがそろうならば，「未使用の材料シート集」として使用することが可能である。クライエントに合わせたいろいろなアレンジ（たくさんのウサギの写真を用意することなど）は，むしろ自由な材料での制作として工夫してほしい。「こういった写真が使いたい」という材料の参考になるのは歓迎するところであり，基本材料シート集を手掛かりとして，さまざまな材料を集めていただきたい。

　基礎研究においては，基本材料シート集を使用しつつ，他のアプローチと比較することや，その研究目的のために必要不可欠なアレンジがあるかもしれない。たとえば，基本材料シート集と一緒に何らかの材料を用意することなどである。臨床での導入との違いは，それらのアレンジにも「制作条件」としての統制が求められることや，「方法」としてその使用のあり方が明確に記述される点である。また，もしアレンジがされるとしても，当然ながらその研究の目的に対してどのように必要であるのかが論じられなければならない。

いよいよ，制作者が基本材料シート集を手に取るという段階では，セラピスト
または実施者が適切に声をかけ，「材料との出会い」を手助けしていただき
たい。封筒には「この封筒には，プリント①〜⑳と，無地色紙３枚の合計23
枚の材料が入っています。中身を出して，全部そろっているか，確認してから
使用してください。」と印刷してある。臨床場面においては，このような内容
の言葉をクライエントに合わせて話しかけるように説明する。基礎研究場面に
おいても文言どおりでなくてもかまわないが，このまま教示として読み上げる
と条件の統制としては厳密になるだろう。封筒から取り出す際には，「封筒の
表書きがあるほうを自分（制作者）に向けたまま取り出す」ように声をかけて
いる。そうすると，シート①の風景が最初に目に入ることになる。しかし，反
対に封筒の裏側から取り出すと，まず最後の黒い紙と出会うことになる。これ
からコラージュを制作しようとするときに，真っ黒な紙よりは，美しい棚田の
風景や，のどかな雲のたなびく港の景色の方が，制作者の不安をやわらげ，材
料に関心を寄せていくプロセスを助けるだろう。臨床場面で初めて使用すると
きには，コラージュ・ボックスの箱を開けるのをセラピストが手伝うのと同じ
ように，セラピストが封筒から取り出しながらその後の手続きを説明する，と
いうぐらいがちょうど良いのではないだろうか。

　制作中の材料の取り扱いについては，特に制限はなく，制作者が使いたいよ
うに使っていただく。制作者からのよくある質問は，「この紙（無地の色紙）は，
どうやって使うんですか」というものである。「自由に使っていいですよ。使
いたいように使ってください。使いたくなければ，無理に使わなくてもいい
ですよ」といった返答をしている。時折，台紙として渡した画用紙上への制作に
加えて，Ａ４の色紙の上にも制作し，作品が２枚以上になることがある。これ
も特に制限はしないが，どうしてそのように制作する気持ちになったのかを制
作後できるだけ聞くようにしている。画用紙の両面への制作は，色紙上への制
作より多く見かける。これも上記と同様の対応としている。画用紙自体の追加
を求める制作者もまれにいるが，これは制作状況によって判断が分かれるとこ
ろだろう。普段から２枚以上制作しているクライエントには，もう１枚画用紙
を渡すのが自然であろうし，条件を統一して，作品をデータとして使用させて
いただく場合には，１枚での制作という条件にとどめる必要もあるだろう。

制作後は，臨床場面であれば，質問をいくつか投げかけて作品に表現したものを言葉で説明してもらったり，一緒に作品を味わったりする。これは一般的な材料と同じプロセスである。基礎研究の場合には，その研究目的に沿った対応になるが，できれば多少なりとも制作者がその作品を味わい，振り返ることができるような手続きを用意したほうが，単なる「実験的制作」ではなく，制作者にとって意味のある体験となり，内的体験への配慮ができるのではないだろうか。

次に，制作時間については臨床用も基礎研究用も「50〜60分を標準とする」としている。これは一回の心理面接を基準として考えた時間になっている。制作者によっては，もっと短時間であっという間に作ってしまう人がいる。その一方でずいぶん時間がかかる人もいる。個人差が大きいのでその上限として，50分〜60分としている。健康度の高いグループなどでは，細かい工夫を凝らして時間が長くかかる人も多いので，最初に上限を伝える必要がある。この時間設定にとらわれすぎる必要はないが，参考にしていただいて，その場に応じた枠を設定していただきたい。

また，制作後の「基本材料シート集」は基本的には，実施者が回収し，適切に処分する。これによって，他の材料に紛れ込むことを防ぐことができる。ただ，大学院生や臨床家のための体験制作などで，材料の学習として「基本材料シート集」を使用する場合には，「この使用済みの材料は，今後使わないでください。あなたが材料を集める際の参考として，眺めるだけとしてください」と説明したうえで持ち帰っていただくようにしている。できれば封筒などに「使用済み」や「使用不可」など，自分で書いていただくようにすると，より明確になる。

以上，使用にあたって心がけていただきたいことを細かく述べてきたため，やや堅苦しく，使いにくいように感じられたかもしれないが，一度使用していただけば，これらの注意点が使用にあたって自然な流れに沿ったものであることがご理解いただけると思う。まずはぜひ，ご自身で，この「コラージュ療法基本材料シート集」を用いた作品を制作していただき，そのプロセスを味わっていただきたい。

コラージュ療法基本材料シート集の利用に際して　〜臨床用〜

　『コラージュ療法基本材料シート集』は，コラージュ療法の基礎研究の発展を支えるツールとして，また臨床場面でも活用できる統制材料集として開発されました。本材料シート集を研究・調査において使用する場合，以下の点に留意して実施していただければ幸いです。

コラージュ療法材料普及会

・『コラージュ療法基本材料シート集』を臨床場面で用いる場合，事前にセラピスト自身のコラージュ制作体験が必須である。
　自由材料を用いたコラージュ制作及び，『コラージュ療法基本材料シート集』を用いたコラージュ制作の両体験があることが望ましい。また，制作後，スーパーバイザーや同様の体験をしたセラピスト同士でシェアする機会があるとなお良い。

・『コラージュ療法基本材料シート集』を用いる臨床的意義・治療的意義について十分吟味し，適当と思われるケースにおいて活用する。

・クライエント１人につき，未使用*の材料シート集１セットを用意する。
　材料シート集の余りや切り抜きを他の材料と混ぜないこと。

・実施する際は，封筒から材料シート集を取り出し，クライエントに見せながら手渡すなど，クライエントに応じて材料集への接近を手助けする。
　クライエント自身が材料を出す場合は，封筒の表書きがあるほうを自分に向けて材料を出すように促す。

・封筒の表書きは，セラピストが読んで説明するなど，クライエントが安心して臨めるように配慮する。

・『コラージュ療法材料シート集』のカラーコピーや縮小・拡大によるサイズ変更，材料の削除及びシートの重複はしてはならない。

・コラージュ制作の時間は，50〜60分を標準とする。

・制作に用いる台紙は，白色画用紙の八つ切りサイズを標準とする。

＊使用ずみの材料シート集から，未使用のシートを回収し，①〜⑳と無地色紙３枚を組み合わせて，未使用のシート集として使用することは可能である。

58 第4章 「コラージュ療法基本材料シート集」の使用にあたって

コラージュ療法基本材料シート集の使用に際して　～基礎研究用～

　『コラージュ療法基本材料シート集』は，コラージュ療法の基礎研究の発展を支えるツールとして，また臨床場面でも活用できる統制材料集として開発されました。本材料シート集を研究・調査において使用する場合，以下の点に留意して実施していただければ幸いです。

コラージュ療法材料普及会

・本材料シート集を研究に用いるにあたって，事前に研究者自身も『コラージュ療法基本材料シート集』を用いた体験があることが望ましい。

・調査協力者1人につき，未使用*の材料シート集1セットを用意する。

・『コラージュ療法基本材料シート集』は，カラーコピーや縮小・拡大によるサイズ変更，材料の削除およびシートの重複はしてはならない。ただし，材料の質や量の比較検討を目的する研究においては可とする。

・コラージュ制作の時間は，50～60分を標準とする。

・制作に用いる台紙は，白色画用紙の八つ切りサイズを標準とする。

・制作を開始する前に，封筒の表書きを読むよう教示するか，研究者が読み上げる。

・材料の出し方については「封筒の表書きがあるほうを，自分のほうに向けた状態で材料を出してください」と教示する。伝わりにくい場合には，実演してみせてよい。

＊使用ずみの材料シート集から，未使用のシートを回収し，①～⑳と無地色紙3枚を組み合わせて，未使用のシート集として使用することは可能である。

さまざまな領域における
コラージュ療法の実践

　すでに述べてきたように，コラージュ療法の実践はさまざまな領域に広がっている。スクールカウンセリング，精神科クリニック，学生相談といった領域は発表事例も多く，紹介されることが多い。本章ではこれらの領域に加え，重症心身障がい児・者入所施設での取り組みと生涯学習場面での活用について紹介した。いずれも基本材料シート集の使用に関してだけでなく，それぞれの現場での導入の仕方やコラージュ療法事例の理解に役立てることができるだろう。

1．スクールカウンセリングにおけるコラージュ療法の実践

(1) はじめに

　1995年に文部省によるスクールカウンセラー活用調査研究委託事業が始まって以降，学校へのスクールカウンセラー（以下，SC）への配置が進んでいる。筆者の地域では週1日6時間勤務を基本として，小学校の場合では1校の拠点校と3つの巡回校の合計4校，中学校では1校を担当していることが多い。相談は不登校や発達に関すること，友人関係などさまざまな内容が取り扱われる。保護者の相談は言語面接によって進められることが多いが，児童生徒など子どもの場合，言語面接では表現ができないこともあるため，非言語的な方法として描画やコラージュを用いることも多い。スクールカウンセリングでコラージュを導入している事例では，不登校の中学生女子の事例（堀口，2014）や高校生女子の事例（吉川，2015）などがあり，さまざまな目的で導入されている。

　本章では，筆者が勤務する小学校のスクールカウンセリングにおいて，コラージュ療法を導入した事例を紹介する。

60　第5章　さまざまな領域におけるコラージュ療法の実践

（2）事　例

【面接構造】

　本事例の小学校は，各学年1クラスの小学校である。相談室は1階の玄関からすぐの場所にあり，昔は当直室だった部屋を使用している。相談室には2～3人がけのソファーが向かい合っていて，その間に机がある。机には魚やタコなどの海の柄のついたタイルが埋め込んである。観葉植物や本棚などもあり，落ち着ける空間となっている。また，相談室は運動場側となっており，休み時間には窓越しに子どもたちの声がよく聞こえる。母親面接は1時間，本人面接は休み時間の20分を利用して行っている。

【コラージュ療法の準備と方法】

　相談室にはコラージュの用意を常備していないが，勤務日の前に面接の予約状況を尋ね，面接の予定によってSCが用意をしている。持って行くときには基本材料シート集，ハサミ，スティック糊，8つ切り画用紙をセットにして，袋にいれて相談室内にある本棚の中に置いている。コラージュを導入する時には，子どもと一緒に袋をあけて1つずつ取り出し，コラージュについての説明をしている。

【Aさんと母親の印象】

　Aさんは小学5年生女児である。初めは緊張で表情も硬く，こちらをうかがうようにじっと見つめることもあったが，話していくと笑顔も多く見られるようになる。母子の距離が近く，Aさんは母親の反応をうかがっているような様子もあった。

【面接の概要】

＃1　母親面接

　Aさんが6年生の男子に嫌なことをされたり言われたりして，からかわれていると母親は心配する。母親はそんな時にAさんは嫌だと言い返すことができていないのではないかと考えており，Aさん自身と話してほしいとSCに頼む。また，母親がAさんに何か提案しても「無理」と口癖のように言うことが気に

なっており，そのことも含めて関わってほしいとSCに話した。

＃2　本人面接

　母親面接の翌月，Aさんの面接が母親の希望で設定された。緊張した様子で，Aさんは筆箱と下敷きを持って相談室へ来室する。SCが話しかけるとAさんは頷くものの，何か話し始める様子はなかった。Aさんの持参した下敷きには，油性ペンでぎっしりとイラストが描かれていたので，〈たくさん描いてあるね〉と話しかけると，Aさんは頷き，Aさんの描いた部分と母親の描いた部分があると教えてくれる。母親もAさんもイラストを描くのが得意であり，一緒に描いているとのことであった。イラストの話から，だんだんとAさんの緊張がほぐれてきた様子で，SCが白，ピンク，青の紙を出すと，青の紙を選んでイラストを描き始める。相談室の机上の魚柄のタイルから水族館のイメージが湧き，次々とイカや魚，タコなどを描いていく。「お母さんを描く」といって描きはじめた絵は「自分になっちゃった」とAさん本人となった。

＃3　母子面接

　SCは母親のみの面接と思っていたため，母子同席であることについて尋ねると「Aの様子を見てもらおうと思って」と話される。面接の中で母親はAさんが嫌だと言えないことについて，「支配的に育てたことがいけなかったかも」と振り返る。Aさんにそのことを尋ねると，昔の母親は厳しかったと話す。面接の間は主に母親が話し，SCがAさん自身に気持ちを尋ねると，母親が「〜だと思う」と話し，Aさんが頷くといったことが多かった。母子面接でのAさんは，本人面接の時や学校での様子とはやや異なり，依存的で退行した姿が印象的であった。

＃4　本人面接

　スクイグルをする。1枚目はAさんが線を描き，交互に探していく。1枚目では「三角」と形での物しか見つけられなかったが，2枚目からは「しいたけ」，3枚目では「醤油のついた大根」とどんどんイメージが膨らんでいく様子がうかがえた。

＃5　本人面接

　Aさんに基本材料シート集を見せて，コラージュについて説明すると「わーお，やりたい」と興味を持った様子で取り掛かる。制作始めはちらちらとSC

第5章 さまざまな領域におけるコラージュ療法の実践

図5-1 左上から時計回りにパン,リンゴと秤,フルーツの盛り合わせ,苺,たい焼き,苺のケーキ,カップケーキ2つとコーヒーとお菓子,ケーキの写真が貼られ,左下には建物が貼られている。

を見る様子もあったが,SCが"ん？"という表情をしたり頷いたりしながら見ているとそのまま制作を続ける。建物やケーキなど食べ物を貼付して完成させる（図5-1）。作り終えると「ケーキばっかり」「あー食べたくなっちゃったな」と話す。〈おいしそうだね。パンとかケーキとか〉「給食の後だったからかな」〈あはは。デザート食べたい気分だった？〉「そうかも」〈この建物は？〉「わかんない」と少し切片について話して終わる。制作時間は15分ほどであり,休み時間があっという間に終わってしまう。この回がその年度最後の出勤日であったため,次回の約束が設定できず終わる。〈次年度もいると思うから,お話できたらいいな〉と伝えるも,次年度,予約が入ることはなかった。SCは出勤日の休み時間にAさんに会いにいき〈元気？〉〈お話来る？〉と誘うこともあったが「大丈夫」と来室はなかった。教室でも元気に友だちと遊んでいる様子であったため,そのまま終結とし,担任の先生より様子を聞いていた。約3年後,SCから電話で母親に様子を尋ねると「元気にやっている」とのことだった。本人とも話すことができ,元気に中学生活を送っているようだった。

【考　　察】

　母子ともにイラストが得意であったが，母親とAさんの描くイラストは酷似しており，距離の近さ，一体感が感じられた。下敷きにたくさん描かれていたように，普段から一緒にイラストを描いているのであろう。母子で描きながら，褒めたりアドバイスしたりしながら会話をしているのかもしれない。イラストでは，うまく描けることと描けないことがあると想像されるが，コラージュは既にある素材を使うため，イラストのように上手下手を感じにくい特徴がある。また，何を表現したとしても“材料の中にあったから”と言え，自分の責任を軽くすることができ，切片自体の上手い下手といった評価もない。コラージュでは自分の思うままに，気軽な形でイメージを自由に表現させることができるのである。こうしたコラージュの特性によって，イラストとは違った自己表現となり，母親の元で守られたAさんとは異なった自己を表現する機会となったのではないかと考えられる。

　コラージュに貼付された左下の建物は，他の切片とは異質であり，家というよりはまるで学校のようである。貼られた位置からは過去のことと考えられ，支配的に育てられた時期を感じさせられる。また，たくさんの食べ物の切片については，AさんとSCで甘い食べ物を共有したように感じられる。母子の距離が近く，母親の元で甘えて守られていることに心地よさを感じていたAさんだったが，こうしたSCとのやりとりを通して，外の世界（小学校）でも自分らしく過ごせる安心感を得る体験だったのではないかと考えられる。

【基本材料シート集を使用して】

　本事例では，小学校という教育現場において，雑誌やイラストなどを持ち込むことに対する戸惑いがあったため，基本材料シート集を使用した。また，SCは公共交通機関で通勤しており，さまざまな種類の雑誌を十分に持っていく難しさもあった。そういった中で，さまざまな種類の切片があり，コンパクトな基本材料シート集は使用しやすいものであった。こうした現実的なコラージュの素材についての課題は，相談室にコラージュボックスを置くことで，雑誌の持ち込みの問題は解決できるかもしれない。しかし，授業を受けることのできる児童へのカウンセリングの場合，基本的に休み時間を利用するため，時

64 第5章 さまざまな領域におけるコラージュ療法の実践

間が限られている。そうした中においても制作が可能だったのは，見るのに時間がかからない基本材料シート集だったからであると考えられる。また，基本材料シート集には，有名キャラクターや漫画などの子どもが興味を持ちすぎてしまう切片はない。しかし，手書きのイラストがあったり，恐竜の写真に火を噴いているような落書きがされていたりと，かたすぎないあそび心の感じられる材料となっている。そのため，子どもにとってもイメージを表現しやすかったのではないかと思われる。もし，ぴったりとイメージしたキャラクターがいなかったとしても，それに見立てた何か他のものが貼られるかもしれないし，そこでSCとやりとりが生まれるかもしれない。そうしたこともコラージュを導入するうえで大切なことだろう。本事例のように，カウンセリングやコラージュ自体の回数は少なくとも，基本材料シート集を使ったコラージュ制作は，クライエント理解のために役立つものだったと考えられる。

2．精神科クリニックにおけるコラージュ療法の実践

(1) はじめに

　精神科領域においてコラージュ療法は長く定着しており，個人療法，集団療法，いずれの場面においても実践されている。クライエントの臨床像もさまざまで，統合失調症，うつ病，強迫神経症，アルコール依存症などの臨床例が報告されている。その臨床像の幅の広さは，積極的で創造的な表出でも抑制的で形式的な表出でも，「作品」として成立可能なコラージュの許容範囲の広さによるものであろう。ここでは，精神科クリニックにおける実践例を紹介したい。

(2) 事　　例
【面接構造】

　郊外にある精神科クリニックで，医師1名（院長）が常勤であり，臨床心理士3名はパートタイムで勤務している。カウンセリングは1名45分の枠組で対応しており，あまり多くのクライエントに対応できないため，隔週の面接としているケースが多い。1カ月に1度来院されるクライエントもいる。

【コラージュ療法の準備と方法】

　言語面接以外のアプローチが必要となる場合に備えて，臨床心理士はそれぞれのコラージュ・ボックスを常備している。備品棚に画用紙，雑誌やパンフレットを保管し，面接の合間に切り抜いてボックスに入れている。筆者のコラージュ・ボックスはＡ４のクリアホルダーがちょうど入る大きさであり，女性用，男性用，特定のクライエント用など，いくつかのクリアホルダーに材料を分けて挟んだ状態でボックスに収めている。コラージュ療法を実施する際には，箱の中にクリアホルダーからクライエントに対する材料を移して，箱をクライエントに差し出す。場合によっては雑誌も用意して，材料を補えるようにしている。筆者が担当しているクライエントは成人女性が多く，自身の内面について自ら語ることが多いため，コラージュ制作を勧めることは少ない。しかし，面接が表面的でから回りしているように感じられたり，内省を深める手前で抵抗しているように感じられたりする場合に，コラージュ制作をはさむと，面接を仕切りなおしたように自分に向き合うことがある。

　次に紹介する事例は，上述の傾向とは少し異なり，表出が少ないクライエントとの接点として，コラージュ療法を導入したケースである。クライエントが特定の材料を好んで使用したため，セラピストはリサイクルショップなどの古雑誌を集めて材料を用意した。

【クライエント】

　来院当初中学１年生の男子生徒で主訴は不登校と不眠であった。ほとんど話すことはなく，うつむいて，問いかけにわずかに応答するのみだった。検査に対しても応答がないため，来院当初は実施を見送った。母親とともに来院し，通常の面接は本人の負担と思われたため，面接の前半，あるいは後半は母子同席で，生活の様子を聴くようにした。

【経　　過】

　最初の３カ月ほどは通院を迷っていたようで，一度面接しただけで間が空いていたが，２年生になってから隔週で面接をするようになった。面接の１回目，２回目は最初に母子同室で入り，後半は本人だけの面接とした。ほとんど一問

一答の短いやりとりで，自分から何かを説明したり，思いを語ったりすることはなかった。内向的だが部活動は熱心だったため，そのことについて尋ねると，少し応じる様子が見られた。3回目からは，本人のみの面接のあと，母に入室してもらい生活の様子をうかがった。コラージュは3回目の面接から導入した。

・**第3回**（コラージュ初回　図5-2）

　最近の様子を聞くと，「午後から学校に行ける日もあったし，良かった」という。コラージュ・ボックスのふたを開けながら〈今日はこういうのをやってみる？　好きな写真とか気になるのを選んで，画用紙に貼るの。絵のほうが好きなら絵でもいいけど〉と言葉以外での関わりに誘うと，「絵はあまり」と描画を断ってコラージュの材料を見始めた。箱の中からサッカー選手の切り抜きだけを探し出して5,6枚画用紙に置く。その後はずっと箱の中の切り抜きを見ているが，画用紙の上には置かない。サッカーのものを探している様子で，彼にはサッカー以外のものは「関係のないもの」なのだろうかと思いながら見ていた。関心や思考の幅が狭くなっているように思われた。しばらくして，髪をかきむしって顔をあげたので，〈これでよければ糊付けしていいよ〉と声をかけると，うんと頷き，しばらく眺めてからスティック糊を手に取って貼り始

図5-2　ほとんどサッカー選手の写真であり，1枚だけスタンドで応援するサポーターの写真を貼った。この回はボックスから写真を選んでいるため，本人は切り抜いていない。

めた。手先はやや不器用なように見えた。一旦完成させたが「さっき，もう一枚サッカーのがあったんだけど……」と見失った切り抜きが気になる様子でまた箱を見た。〈取り出して探してもいいよ。箱のふたとってごらん〉と促すと箱のふたに切り抜きを移して探し始めた。無事発見し，それを貼って完成した。〈どう？〉「うん……」〈好きなのや気になるのは……やっぱりサッカーだった？〉「うん」と，言葉が続かないが，サッカーについて少し尋ねると，短い返事ながらも，幼稚園から始めて小学校からは本格的にサッカークラブに入っていたこと，コラージュに貼った選手の一人は本人のクラブに来てくれたことがある選手だということを話してくれた。表情は穏やかで抵抗感は感じられなかった。

　母に入室してもらうと，荒れた日も見られたとのことだった。また次回の面接を予約した際には，母が「もし部活だったら……」と言いかけたが，本人が「いい。休む」と来院の意思を示した。

・その後の経過

　その後の回もクライエントはサッカーに関する切り抜きだけを貼ることが続いた。言葉は少ないが，表情はやや穏やかに見えた。本人の興味に合わせて，ボックスとサッカー雑誌を用意すると，雑誌とボックスの中のサッカー選手の写真に見入った。内容は躍動的な選手の写真だが，本人が切り抜く際には四角く切り抜き，画用紙に並べて，選手一覧のようにサッカー選手ばかりのコラージュが続いた（図5-3）。セラピストはサッカーについてほとんど知識を持っていなかったが，お気に入りの選手について尋ねたり，その時々でクライエントが観ている国内外のリーグについて話してもらうなどして，コラージュとサッカーを糸口にクライエントとのつながりを形成した。しばらくして，「サッカーじゃないものも一つ選んでみて」というと，落ち着いた家具や小物を少し貼るようになり，本人なりに気に入って貼ったことを簡単に説明した。

　現実生活への適応には時間がかかり，医師とともに抑うつ，睡眠障害，自閉症スペクトラム障害を念頭において対応していた。本人が来院したくても不調になってしまって来院できないことも多く，母が来院して本人の状態を説明していくことが多々あった。母との面接は本人の様子を知るうえでも必要だったが，同時に，他の家族のプレッシャーから本人を守り，温かく対応しようとしている母によりそい，励ます場とした。また，クライエントについては，登校

第5章 さまざまな領域におけるコラージュ療法の実践

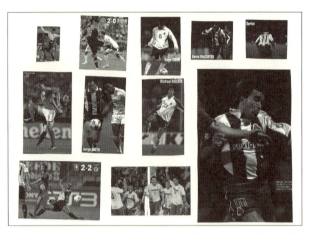

図5-3 6枚目の作品で、すべてサッカー選手である。内容は、躍動的な試合のシーンだが、本人は淡々と四角く切り抜いて写真を並べた。

したい気持ちとプレッシャーの中で葛藤し、呻き声を発するなど、苦しんでいる様子がうかがわれたため、ひたすら本人を待ち、見守る面接とした。当初、調子の悪さについて話すことが難しい様子だったが、少しずつセラピストからの問いかけに応じる形で、「寝つけない」「朝、靴を履こうとしたら、動けなくなっちゃって」と説明が増えていった。

コラージュ療法基本材料シート集による作成は、面接開始後1年余り経過した頃に実施した。いつもと異なる材料への抵抗はあまり見られず、淡々と作成した（図5-4）。材料にはスポーツウェアの男性の写真も含まれていたが、それは選ばずにサッカーボールを貼った。居間や教室が貼られたが、人がいない作品で、かえって本人の寂しさが浮き彫りになったようにも見え、中央に貼られた渦潮とともに、家族や学校に対する本人の葛藤が感じられた。このころ、家族の厳しい態度に母が疲労困憊し、クライエントを連れて一時帰省していた。

その後、丁寧にサポートしてくれる単位制高校に進学して徐々に行動範囲が広がり、友達とも遊ぶようになるなど、ゆっくりと回復が進んだ。のちに実施した検査からは、発達の偏りはあまりなく、本人の興味の狭さや単調さもうつ状態によるところが大きいと考えられるようになった。コラージュ作品にサッ

2. 精神科クリニックにおけるコラージュ療法の実践　69

図 5-4　コラージュ療法基本材料シート集から本人が切り抜いて貼った。左上に外国の城，下に富士山。中央の列はサッカーボール，渦潮，灯台。右は月，リビングルーム，教室である。自由な材料の作品よりもさらに静けさが強調されているように見える。

カー選手が登場することは段々と少なくなっていき，普通の人物や大人びた男性のファッション写真，美しい風景が貼られるようになった。また，本人自身が，普段の生活やその中で感じていることを言葉で語ることができるようになり，コラージュもあまり制作しなくなった。かつては，本人が「大丈夫」「やれている」と語った生活の様子と，母の説明が食い違うことが見られたが，この頃にはほとんど食い違いは見られなくなった。

【考　　察】

　本人の表出が非常に限られており，コラージュを制作している様子を静かに見守る面接であった。自由な材料でのコラージュ制作は内容がサッカーに偏り，ややパターン化していたが，材料集で制作した作品には，それまで表出されにくかった葛藤が垣間見られ，クライエントの思いに触れた面接となった。セラピーとして「本人に合わせた材料」が必要ではあるが，時には中立的で本人の関心に寄りすぎない材料によって，本人の内面がより深くうかがわれる場合があることが感じられた。

不登校傾向にあったクライエントにとって，クリニックに通院することは「学校を休むことのできる正当な理由」になっていた部分もあるが，一方で家族に連れてこられている感じも否めず，当初は積極的に通院していたとは言い難い。ひどく気分が沈み，交錯する思いを言葉にすることもできずに苦しんでいた彼には，ただ好きなサッカー選手の写真を手に取って画用紙に貼るというのが，かろうじて続けられる面接の形だったように思われる。

少しずつ自分の言葉で語るようになってからは，新しい友人との関係に悩むなど，思春期的な対人不安の様相も見られるようになった。主治医や家族を含む治療関係が継続できたことで，本来の状態像が見えるようになったと考えられる。その時点まで，「場」を柔らかくつないでくれたのがコラージュであったと思う。

3．学生相談室におけるコラージュ療法の実践

(1) はじめに

高等教育機関での学生支援の1つとして学生相談室がある。学生支援はすべての教職員によって行われる広がりのある活動だが，その中でも学生相談は専門性を備えた深みのある仕事であり，学生を取り巻く人々との連携・協働によって行われるものである（鶴田，2010）。

昨今，大学の学生相談室は大学教育の一環として充実化が進んできた。専用の部屋が常設され，訪ねればカウンセラーがおり，学生は授業のない空き時間を利用して定期的に来談することが多い。そういった学生相談室でもコラージュ療法ができるよう，古雑誌やコラージュボックスを準備しているところは少なくないだろう。筆者も大学の学生相談室に勤務していた頃，来談する学生の目に触れるところに箱庭とともにコラージュ療法のセットを置いていた。箱庭同様，学生の方から興味を示す場合もあるが，大半は言語面接の副木（中井，1979）として，筆者からコラージュ療法を提案し，実施してきた。

一方，同じく高等教育機関である専門学校の学生相談室は，学校規模の違いや学生が履修すべき授業数の多さから大学の学生相談室とは構造的にも異なった形態となることが多い。本章では，その1例として，専門学校の中でも昼間

定時制医療系専門学校の学生相談室でのコラージュ療法の取り組みを紹介したい。この昼間定時制の専門学校（以下，B校）ではお昼過ぎから夕方までを授業時間に設定している。多くの学生は午前中の仕事を終えてお昼頃に登校し，授業を受け，夕方に下校，その後，再び仕事に戻る，という生活を送っている。学生の年齢層も広く，社会人を経験してから入学した者も在籍する。そのため，相談内容は学校生活に関する問題だけでなく，職場の人間関係の悩み，職業適性について，学業と仕事の両立についてなど，実にさまざまである。

(2) 事　例
【相談室に来談する学生像】
　進学と同時に地方の親元を離れ，職場の寮で自活しながら社会人としてのスタートを切る学生も多い。環境の変化に加え，精神的な自立と仕事への責任感を迫られ，心理的負担を抱えているケースが少なくない。近年，来談経緯の傾向として，自主来談よりも不眠，食欲減退，微熱といった体調不良や実習での不適応を機に教員から学生相談室を勧められ，来室する事例が増えている。

【面接の構造】
　学生相談室の開室は，月に3～4回，1回2時間という限られた時間である。相談枠の少なさと，学生は授業を休んでの来談となるため，面接頻度は月に1度から3か月に1度と，一般的な心理療法に比べるとかなり低い。また，相談室も共用であるため，常設できるものはなく，相談記録や記録用紙をはじめ，すべての用具は学生課で管理され，その都度，持ち運びをしている。

【相談室の方針】
　B校における学生相談室の方針は，「学校生活を支える場の1つとして，現実や日常を支えるための心理的な支援を行い，丁寧なコンサルテーション及びガイダンスを心がける」とし，教員と共有している。

【コラージュ療法の準備と方法】
　持ち運びが可能なコラージュボックスとコラージュ療法基本材料シート集を

用意している。学生相談室が閉室している間は，コラージュボックス，コラージュ療法基本材料シート集，台紙，のりやハサミ，クライエント（以下，Cl）の作品ファイルを一式にして，学生課で保管してもらっている。ボックス中の切り抜きは，セラピスト（以下，Th）が必要に応じて加えたり，入れ替えたりしている。相談室には4人がけのワークデスクがあり，面接中は机の端にふたをしたコラージュボックスをおき，コラージュを導入したいケースには，ふたを開け，コラージュの説明をしたうえで提案する。その際，ボックス法とコラージュ療法基本材料シート集のどちらかが良いかをClに尋ねる。Clと作品をシェアする際，必ず聞くようにしていることは，「タイトルをつけるなら？」，「この中にあなたはいますか？」，「欲しかった素材，足りなかった素材はありますか？」などである。この質問をきっかけに，言語面接では語られなかったClの一面をうかがい知れることも多い。最後に，Clに名前と日付，あればタイトルを裏面に書いてもらう。

　次に昼間定時制専門学校の学生相談室における事例を紹介する。本章の事例は，クライエントとの守秘義務を守るため，よく似た複数のケースを合成したものである。また，個人や関係機関を特定するような特徴には修正や創作を行っていることをご理解いただきたい。

【経　　過】

　Cさんは親元を離れ，職場の寮で一人暮らしをしている3年生の女子学生である。進学と同時に一人暮らしを始め，社会人としてのスタートも切った。これまで大きな不適応はなく，学校でも職場でもそれなりに過ごしてきたが，今年度に入り，本格的に実習が始まると，吐き気，微熱など，身体的な不調が続いた。実習先への遅刻が続いたため，担任が懇談を設定し，Cさんの近況を確認したところ，心理的な負担が懸念されたため，担任から「話を聞いてもらってはどうか？」と，学生相談室を紹介され，来談に至った。

＃1　6月

　約束の時間通りに来室される。年齢相応の服装，薄めのメイクであった。自己紹介の後，来談経緯や現在の困りごと，迷っていることなどを順に聞いたが，「もう遅刻はしていません」と語り，困りごとはなかなか出てこなかった。し

ばしの沈黙後，体調について聞くと，微熱と腹痛，不眠があるなど，言葉少なく，伏し目がちにポツリポツリと語る。体調不良はかれこれ半年以上続いており，体重も5キロ以上減ってしまったそう。地元の家族には連絡を取っているかと聞くと，「言っていない。心配をかけたくないから」と答え，堰を切ったように涙を流す。Cさんが小学生の頃に両親は離婚，地元では母親と中学生の弟，母方祖母が一緒に暮らしているという。Cさんの話しぶりや言葉の選び方から，働く母の背中を見て自らも懸命に努力してきたことがうかがい知れた。

　＃1では，Cさんの話を静かに聴いた。これまで，何事も健気に頑張ってきたCさんであるが，自分の意思表示の術が乏しく，対人関係においては我慢することで凌いできた傾向が推察された。月1回の定期来談の提案と，実習がまだ続くことを考え，睡眠確保の重要さを説明，実習を乗り切るためのお守りとして服薬を提案し，学生相談室と連携可能な医療機関について情報提供した。相談室への来談は快諾，しかし，「薬には抵抗があって」と受診と服薬にはためらう。医療機関では薬への不安や抵抗も含めて相談できることを伝え，1か月後に次回の面接を予約した。

＃2　7月

　前回の相談後，"実習を乗り切るために"との思いから，自ら医療機関を予約し，受診した。医師からは，「眠れない日が続いた時に」と，頓服の薬を出してもらったが，飲まずに過ごせている。＃2では，職場の様子や人間関係を聴いたところ，同期がいないこと，中年のパート看護師にはよくしてもらっているが，年の近い先輩看護師には細かく指摘されたり，挨拶を無視されたりと，小さなストレスになっていることが語られる。また，今年度，病棟担当から外来担当へ異動し，業務内容も大幅に変わったと語る。そのこともCさんにとっては「（外来は）自分に合っていない仕事」と受け止められ，負担となっていることが分かった。＃1同様，言葉は少ないものの，学生相談室に対しての緊張や構えは和らいでいることがうかがわれ，涙することもなかったため，コラージュを提案した。Cさんは「工作は嫌いじゃない。わりと好き」と控えめな笑顔で興味を示す。Thがコラージュの説明と合わせて，コラージュボックスを見せると，切り抜きを触り始めた。

　Cさんは無言で熱心に切り抜きを選ぶ。初めに，気になったものを何枚か取

り出し，その中からさらに吟味して大きめアイテムを手に取り，台紙に貼った。手際が良く，さっさと決めていく。タイトルは『好きなもの』。高価な宝石と花，小型犬が貼られていた。宝石と花は工夫して綺麗にくり抜かれ，Cさんの几帳面さがうかがわれた。大人っぽい宝石と，素朴な花，そして小さな犬，そのどれもが場面場面のCさんのように思われ，Thは感想を聞いた。Cさんは「きれいなものを貼りたかった。花がきれいだなぁって思って。でも，ちょっとイメージとは違う」と話し，さらに欲しいものを聞くと，「もう少しいろいろな花が欲しい」と語った。

＃3　9月

　職場に新設される病棟があることから，来年度に向けて勤務部署の希望を聞かれていると話す。Cさんとしては病棟に戻りたいが，先輩看護師から「外来を1年で辞めて替わるなんて人はこれまでにいない」と釘を刺され，希望を出すことを躊躇している様子だった。Cさんの希望をあらためて聞くと，「病棟に戻りたい」と本音がこぼれた。今回もコラージュの制作を提案すると，すすんで行う。コラージュを作りながら，戻りたいとは思っていても，言える雰囲気じゃないことをこぼし，職場の人間関係の微妙さなど，愚痴を交えながら語る。また，頓服の薬は服用することなく，実習に行けているとも話す。

　今回，Thは前回のCさんの希望を聞き，コラージュボックスに花の切り抜きを増やしておいた。Cさんは前回よりも時間をかけて制作し，のり付けするまえに向きを整えたり，重ねたりするところは，前回には見られなかった様子であった。また，今回の制作中には夏休みに帰省できたこと，母親から労われたこと，おばあちゃんが元気だったことなど，言葉は少ないが，帰省中，実家でのんびりできた内容が語られた。作品には美味しそうなスイーツやお寿司など，食べ物がいくつか貼られており，ひょうきんな顔をした女の子も貼られている。リゾートを思わせる海や欲しかった花も貼られており，全体に前回よりも空白が少なかった。タイトルを聞くと，「今回も好きなものです。こんなの食べたいなぁと思って」と答えた。この中にCさんはいるかと聞くと，「この子です」と照れ笑いしながら，ひょうきんな表情をした女の子を指さした。

＃4　10月

　前回同様，Thはコラージュボックスを用意し，Cさんに制作するかどうか

聞くと，「今日は（コラージュは）いいです」と断る。前期の実習が無事に終わり，ホッとしたこと，単位はとれていると思うなど，安堵の表情で話す。昔から気になるとやめられない質で，以前は実習の看護記録もどこまで書いていいのか分からず，メモしたことや調べたことを徹夜してまですべて書いていたという。今回は体を休める名目で，「これくらいでいいか」と中断できたと語る。看護記録を指導してくれた先生からも「これだけ書ければ十分」と言われたそうで，安心と照れが混じった笑顔を見せる。

＃5　12月

　2か月ぶりに来談し，近況報告をしてくれた。職場に異動希望を出したという。中年のパート看護師の励ましや，病棟の元上司から「また一緒に働きたいね」との声かけがあり，それらがCさんの背中を押したようだった。ThはCさんが希望を言えたことを労い，支持した。年明けに後期の実習を控え，「前期のようにはなりたくない」と，一緒に振り返る。実習記録は完璧を目指さない，困ったことがあったら早めに実習指導者に報告する，など，具体的な対策をCさん自身で考えられるようになっていた。

＃6　2月

　実習を無事終えたことを報告しに相談室をのぞいてくれ，「大丈夫です」と笑顔を見せてくれた。

【考察とまとめ】

　本事例は，筆者が当学生相談室で担当した複数のケースを合成したものであるが，実際においてもここで紹介したような月1回の面接を半年ほど続けて終結を迎える事例も多くある。このように短期決戦になるのは，学生相談室の開室時間の短さなど相談室の構造にも一因はあるだろうが，何より学生の内的世界，すなわち現実と非現実のバランスのとり方に昼間定時制学生の特徴があるのではないかと考える。

　本事例では計6回の短い面接の中でわずか2回のコラージュ体験であった。しかし，Cさんにとってはつかの間のあそびの体験となったのではないかと考える。Cさんは言語による振り返りや感情の吐露，内省といったことを積極的には行わなかったが，コラージュの制作過程やできあがった作品をシェアする

ことはそれに代わる体験であったと思われる。

　＃４で，Ｃさんはあそびから現実へ自らシフトさせた。Ｃさんにとっては「実習を乗り切ること」が目下の課題であり，そこを何とか凌いだとたんにあそび，つまり非現実的な世界を切り上げ，現実世界に向かったのではないかと思われた。その一因はＣさんが置かれている，学生でありながら，仕事をもった社会人であるという状況にあろう。しかし，この切り替えができたのはＣさんの健康さともいえよう。不適応となったＣさんが何らかの心理的な課題を抱えている可能性はあるが，"その課題に時間をかけて向き合うのは今ではない"と，彼女自身が無意識下に判断したのではないだろうか。Ｃさんとの面接は，いわゆる内的理解を深め，大きな課題に向き合うような心理療法ではなく，現実に足をつけながらも非現実的な世界での"あそび"を体験し，今，自らが取り組める小さな課題に取り組んでいくアプローチであったと思う。

　コラージュ療法では雑誌の写真という，現実社会に受け入れられている素材を借りて，自らを表現する。これはClにとっては自分自身の不用意な露呈を防ぐ安全な守りとして機能する。それと同時に，自分で選んだ切り抜きではあるが，それ自体は自分ではないという，絶妙な距離が生まれる。コラージュ療法のこのような特徴は，自分にコミットしながら自分を観察するという体験をClに可能とさせているのであろう。

　また，本ケースは６回という短期間で終結したため，その機会はなかったが，コラージュ療法は作った作品を後から見返すことが可能である。頻度の低い面接では，数か月前に話した内容をつなげることは容易ではないが，数か月前に制作した作品を見返すことで，当時や現在までのことを振り返り，語り，改めてThと共有するきっかけとなり得る。語られる内容は時として変容していくこともあるが，それもまたCl理解につなげることができるであろう。このこともコラージュ療法の魅力と感じている。

4．重症心身障がい児者入所施設におけるコラージュ療法の実践

(1) はじめに

　重症心身障がいとは，運動機能と知的機能に重度の障がいがある状態を指し，著しい活動制限が伴う。また，独特の個人因子をもつことが多く，必要な対応がひとりひとり異なる。重症心身障がい児者についての分類には，大島（1971）によって規定された大島分類がある（図5-5）。重症心身障がい児者の規定としては，知的指数（IQ）35以下で，かつ運動機能が座位までに制限されている状態（1〜4群）を指す。重症心身障がい児者施設の入所対象としては，その周辺の5〜9群などの「周辺重症児」を入所対象とすることもある。これらの基準の他にも，家庭状況などを加味して検討されている。

					IQ
21	22	23	24	25	80
20	13	14	15	16	70
19	12	7	8	9	50
18	11	6	3	4	35
17	10	5	2	1	20
					0
はしれる	あるける	歩行障害	すわれる	ねたきり	

図5-5　大島の分類

　重症心身障がい児者に対する心理療法の報告は多くないが，西村（2015）が行った事例がある。この事例では，重症心身障がい者の中でも比較的理解度は高いものの言語障害があり，自分の気持ちを伝える「場」のない重症心身障がい者らを対象に，コラージュ療法を用いた心理療法を行っている。

　本章では，重症心身障がい児者施設での面接においてコラージュを導入した事例のコラージュ制作について紹介する。

(2) 事　　例

【施設の概要】

　本事例の施設は，開所してまもない医療型障がい児者入所施設である。病棟は3フロアあり，1フロアにつき40名が入所できるようになっている。入所者は脳性麻痺を中心とした重症心身障がい者であり，意思疎通のとれる方，一

日の多くをベッド上で過こす方などそれぞれである。日中はほとんどの方が詰め所の前にあるリビングで過ごしている。日中活動ではマッサージや紙芝居，音楽会などさまざまなレクリエーションが行われており，さらに花見や夏祭りといった季節に合わせた行事も行われている。スヌーズレン室もあり，リハビリ内で導入されている。スタッフは医師，看護師，支援員，栄養士や歯科助手，作業療法士や言語聴覚士などさまざまな職種が勤務している。臨床心理士は1名で週1日勤務している。

【Dさんについて】

　Dさん（50代男性）は脳性麻痺，その他多数の身体疾患を患っている。他施設に何十年も入所していたが，その施設の縮小に伴い転所してきた。

　視覚や聴覚には問題はなく，言葉を話すことや細かな作業はできないが，手の動きや目の動き，発声による"はい""いいえ"の意思表示ができる。Thの話すことは概ね理解でき，面接ではThが質問，確認をしながらお話をしている。具体的には，Thが〈〜ですか？〉と尋ね，Dさんの反応がいいえの場合（目を左右に動かす，眉間にしわを寄せて不快な表情となる，首を振りながら声を出す）の場合にはまた違う質問をして，はいの反応（じっと見つめる，手をあげる）が見られるまで質問を重ねる方法で意思疎通をはかっている。

【カウンセリングに至った経緯】

　前施設で親しくしていた異性（以下，Eさん）の死をきっかけに落ち込みと食欲低下，不眠が見られたため，主治医のすすめでカウンセリングへとつながる。1回目の面接では，涙を流しながらEさんの死を悲しんだ。また，辛さや寂しさ，怒りなどいろいろな気持ちが入り混じっていること，夜に思い出して眠れなくなることもあると伝えられた。Thは〈そうした気持ちが湧き上がるのは自然なこと，お話やいろいろなことを通じて一緒に整理していきましょう〉と伝え，毎週のカウンセリングを設定する。12回目の面接からは本人の希望で隔週へ頻度は変更となっている。

4. 重症心身障がい児者入所施設におけるコラージュ療法の実践　79

【コラージュの制作場面】

　初めての制作前には，Thが〈前回も少しお話をしたのですが，コラージュ
というものがあります。コラージュはこういった写真とか，絵とかそういうも
のを選んで，画用紙に貼って，自由に作るものです〉とDさんの表情，反応も
見ながらゆっくりと説明をした。〈見えますか？〉〈中はこのような感じの写真
があります〉とパラパラと基本材料シート集をめくり，中身を見せた。〈こういっ
たものから気になるものを選んで，画用紙の上に自由に貼って作ります。上手
とか下手とかは関係ないので自由に作ってください。やってみますか？〉と誘
うと，興味津々な様子で手をあげ，"はい"の表現が見られたので，制作へと移っ
た。〈では，どんなものがあるのか一緒に見ていきましょう。まだ選ばなくて
いいです。また後でもう1度見せるので，その時に選びましょう〉と声をかけ
て，Dさんに見えるようにThが1枚1枚，基本材料シート集を見せた。Dさん
は1枚1枚の基本材料シート集の内容を見て，全体を見終わるとThの方を見
て見終わったことを伝えた。一通り見終わってから〈では，選んでいきましょ
う。気になったもの全部とりあえず選びましょう。貼るか貼らないかはまた選
んでから考えましょう〉と再度1枚ずつシートを見せ，気になるものを選んで
いった。選ぶ時には，Thがシートの写真を1つ1つ指さし，〈これは選びます
か？〉〈これは？〉と聞いていき，"はい"の反応があったものを適当な形に切
り抜いた。すべて選び終えると，それらを並べてDさんへ見せて，〈選んだも
のはこんな感じです。やっぱり足したいなと思うものはありますか？〉と確認
し，"いいえ"の反応が見られてから，〈もし，後でやっぱり使いたいと思った
時には教えてください〉と言って選択を終えた。選択を終えると，切り抜きひ
とつひとつを見せながら切り抜き方の確認をする。切り抜きを見せながら〈こ
のまま使いますか？　切りますか？〉と尋ねて〈このまま使いますか？〉の質
問で反応を見てから，"いいえ"の場合には〈どんな形にしましょう。○○（物）
の形に切ります？　丸とか星とかハートとか違う形にします？〉と質問を続け，
〈○○（物）の形にしますか？〉とひとつひとつ尋ねた。その後，貼る位置を
決めるため，〈では貼る場所を決めましょうか。いいですか？〉と確認をして
から〈これらをすべて使っても使わなくてもいいので，好きなように貼ってい
きましょう。もし，もっと切り抜きを集めたいと思ったら，いつでも教えてく

ださい〉と言ってから，切り抜きを持って画用紙の上をゆっくりと動かし，貼りたい場所で声や手をあげて教えてもらった。初めは貼ってはがせる糊を使用して，画用紙に置いてから〈こんな感じですか？〉〈もう少しこちらですか？〉〈斜めにしますか？〉などの質問を重ねてDさんのイメージに合うように制作を手伝った。貼り方や重ねる場合にはどちらを上にするのかも合わせて確認をした。すべての位置が決まってから，はがせない糊で接着した。〈もう少し作りますか？〉〈完成ですか？〉と完成を確認してから，コラージュを見ながらお話をした。制作時間は，各回によって異なるが，大体15分〜25分程である。

【コラージュ作品について】

　初めての作品（図5-6）では，選んだ切抜きをすべて貼ってから，里山を付け加えた。制作後はとても満足した様子でにこやかな表情であった。その後，できあがったコラージュ作品を見ながら話をする。コラージュのそれぞれの切片については，以下のような内容が伝えられた。〔自分（Dさん）は左下の家に住んでいる。犬や猫が好きなので，犬や猫と一緒に住んでいる。時々，椅子に座って休憩をする。ご飯は和食が好きで，写真のようなものが食べたい。今は秋なので紅葉もきれいだろう。右下の城は旅行にいきたい，山が好きという

図5-6　中央部に和食定食があり，その周りに犬や猫，椅子がある。右側には教室内，山，城がある。左上には紅葉，左下には教会の写真が貼られた。

ことで最後に山を足した。勉強も時々がんばって，旅行に行きたい。こんな暮らしが理想の暮らし〕。

2回目の制作以降（図5-7，図5-8）は，基本材料シート集を手掛かりに

図5-7　右上にはクリスマスのサンタクロースやツリーの写真，その下には女性と男性がおじぎしているイラスト，貝の蒸し焼き，サラダ，魚介丼，寿司が置かれている。その左側には温泉とそれに入る鳥が貼られた。

図5-8　上部には空と芝生，男性と女性が談笑している写真，ドーナツ，夜景が置かれている。下部にはネックレスと海が貼られた。

してThが用意した材料を使って制作をした。コラージュ制作は毎回行うのではなく，Dさんから作りたいと希望されたときに行った。また，2回の面接で1つの作品を制作することもあった。作品内には季節のイベントや旅行，お出かけが表現され，Eさんと一緒に行きたいと伝えられることもあった。作品内には男女のペアと思われる切片も登場していたが，それがDさんやEさんであるということは伝えられなかった。コラージュ制作後には毎回，大きくにっこりと笑みを浮かべ喜びを表現し，満足そうな表情が見られた。

【考　　察】

　自由に自分の思いを言葉にして表現することが難しいDさんにとって，Eさんとの思い出や気持ちの整理を共有することが困難であった。しかし，コラージュの表現によって，Dさんの願望やEさんとの思い出を振り返り，Thと共有することができた。また，ThがDさんの考えていることを表情や行動から推し量り，尋ねるといったやりとりから，Dさんが自分の思っていることをコラージュによってThへ発信することができた。つまり，Dさん自身から話題提供をすることができたということである。コラージュの素材の中にはいろいろなイメージが含まれており，表現の幅も広い。それでありながら，制作は切り貼りという単純な作業のため，簡単な指示によって他者が表現を手助けすることができるのである。さらに，コラージュは完成した作品に対して満足感も感じやすい。言葉を自由に使うことの難しいDさんにとって，コラージュというものは，自分自身で自由に表現でき，それを他者と共有することのできる貴重な体験であったと考えられる。

【基本材料シート集を使用して】

　基本材料シート集にある素材は，写真が何を表しているのかが分かりやすいため，選びやすかったと思われる。雑誌などでは美味しそうに見せるために，アップになっていて全体像が分かりにくくなっていることや，彩りやおしゃれさを重視して何なのか説明がなければ分かりにくい写真もある。特に，長い間施設で生活しているDさんにとって，見慣れない食べ物や流行のものは何なのか分からないと思われる。しかし，基本材料シート集では，食事の切り抜きで

も一目見て，おにぎりであるとかケーキであるとか，それが何であるかが分かりやすいものが多く，写真からイメージが湧きやすかったのではないかと思われる。

2回目以降のコラージュ制作では，基本材料シート集の素材内容を参考にして作った切り抜きをA4の紙上に集めたものを使用している。Dさんにどのような素材が欲しかったか尋ね，それを用意することもあるが，1回目に基本材料シート集を使用したことで，ThにとってDさんがどのような素材に興味を持ち，これからどのような素材が適当であるかを考える土台となった。たとえば，男女やペアのものが含まれた切片を入れてEさんとの思い出を表現しやすくしたり，旅行のものや季節を感じるものを入れたりすることで，Dさんの表現の手助けをするように心がけた。基本材料シート集や他の素材での作品の表現の違いを考えることによって，Dさんをより理解することにつながるのではないかと思われた。

5．生涯学習活動におけるコラージュの活用

(1) はじめに

全国の公民館や生涯学習センターなどでは生涯学習事業が盛んに行われており，中にはカウンセリングやアートセラピー，コラージュ療法を学習するものも見受けられる。コラージュは材料が身近にあり，簡単に取り組めるだけに，美術や工作のような活動として行うのか，自身と向き合うきっかけとするのか，一般の人々を対象とした場では，講師の経験やスタンスによる影響が大きいといえよう。

(2) 活動の概要

今回活動の場となったのは，F市の市民グループが主催した生涯学習講座である。市民の生きがいづくりや街の活性化を視野に入れ，「こんなテーマで学習したい」「こんな活動があると役立つのに」といった声を集めて，講座内容を企画している。筆者は市民グループのメンバーに依頼され，講座を行うこととなった。

84　第5章　さまざまな領域におけるコラージュ療法の実践

コラージュ療法体験講座：2時間半の時間の中で，以下のプログラムで実施した。参加人数は9名で，このグループの主催する講座としては少なめのようであったが，この人数なら全体でのシェアリングが可能であり，比較的進めやすい人数である。

　①概説30分
　　・自己紹介
　　・芸術療法について
　　・コラージュ療法の成り立ち
　②実施　100分
　　・制作体験とシェアリング
　　・材料についての説明
　　・休憩
　③さまざまなコラージュ　20分
　　・同じ材料を用いたさまざまな作品の紹介

【概　　説】

　臨床心理士をめざす人たちへの講義ではないので，ごく簡単に分かりやすくまとめるが，コラージュ療法の理論的背景など，大切なことは省略しすぎないように気をつけている。受講した人がまたその経験を誰かに伝える，誰かと体験を共有するということも，当然生じる可能性があり，専門的な場ではないからいい加減に伝えてもいいというものではない。

【実　　施】

　制作体験とシェアリングは，表現療法的な場ではセットで考えなければならない。講師は制作せず，参加者の体験やシェアリングの様子を見守った。シェアリングが進まない場合があれば，制作者にいくつかの質問を向けて，話し合いを促したりする。

　今回の制作では，Gさん（70代男性）はあっという間に作品（図5-9）を完成してしまい，他の参加者が制作し終わるまで，席についてずっと待っていた。表情をあまり崩さず待っておられたため，義務的に制作したのか，楽しん

図5-9 『やすらぎ』
　　Gさん（70代男性）　中央部に田んぼ，汽車，野球をする少年などを置き，それを囲むようにスカイツリー，バイオリン，笑顔のイラスト，ノートパソコン。

で制作されたのか，よく分からなかった。ところがシェアリングの第一声は「いやぁ！　楽しかった！」というものだった。そして，そのまま笑顔で「私らのころは，汽車に乗って修学旅行へ行ったよ。こういうのねぇ。今は新幹線で行くでしょう。中学では野球をやってた。懐かしい。田んぼもいいねぇ」と若い日々を振り返ったかと思うと，制作当時できたばかりの東京スカイツリーや楽器，ノートパソコンを指し，「ここはまだ行ってないんだ。行きたいねぇ。実は音楽が好き。それと今，パソコンも習っとるよ」と最近の生活やこれからしたいことなどを語った。そして最後に「もう大満足っていうことで，これだ」と笑顔のイラストを指さした。Gさんが短い時間の中で，基本材料シート集から自分の若いころに結びつくものを見つけ出し，今とこれからの「楽しみ」についても表現できていたことが，参加者全体に伝わり，楽しく和やかな雰囲気のシェアリングとなった。

　また，Hさん（40代女性）は，丁寧に切り抜いた後，いろいろと写真の置き方を工夫している様子だった。Hさんは作品（図5-10）の中央に置いた年配女性と若い男性を，自分の祖母と自分の息子に見立て，「おばあさんはもう亡くなったんだけれど，息子が赤ちゃんの時によくかわいがってくれた。膝の上

第5章 さまざまな領域におけるコラージュ療法の実践

図5-10 『孫とばあちゃん』
Hさん（40代女性）　中央に芝生とシャボン玉，年配の女性，若い男性，
手前におにぎりとお茶。左側に月，笑顔の赤ちゃん，ハスの葉がある。
右は上からグランドキャニオン，シーサー，石，イチゴの写真。

に抱っこするけど，そんな動けないでしょう。だからお話をしてくれた。シャボン玉をふうっと吹いては"ああ，このシャボン玉はどこへ行くのかなぁ。○○くんと一緒に，アメリカに行くのかなぁ"とか，また吹いて"さぁ，今度はどこへ行くのかなぁ"と，想像してお話ししてくれた。そんなことを思い出しました。今，大きくなった息子と向き合ったら，こんな風におにぎり置いてお茶置いて，お話するんじゃないかなぁって」と，記憶の中の2人から想像を膨らませながら語ってくれた。制作者の祖母への愛情，息子への愛情，その2人の結びつきが温かさを伴って，参加者に伝わった。

　他の参加者も，それぞれの体験と写真を結びつけたり，あるいは内容と色彩を切り離して捉え，写真をちぎって色を中心とした表現をしたりするなど，自由に制作に取り組んだ。

　今回の講座ではなかったが，「私が何を作ったか先生が読み解いてください」といって作品を見せられる場合がある。基本的には，「制作して，誰かに自分を見つけてもらうのではなくて，自分でその作品の中に自分らしさを発見してみてください。今，分からなくても少し時間がたってみると，この時，こんなことを悩んでいたなぁ，こんな思いが強かったなと気づくことが多いですよ」

と時間をおいて客観視することを勧めている。また，そのためには作品の裏に，制作した日付を年月日で記入してもらう。しかし，それでも納得がいかない様子の人には，講師から「どれが一番気に入りましたか」「自分らしいと感じる切り抜きはどれですか」「全体で作ってみて，どんな感じがしていますか」と改めて質問をし，その答えを作品とともに一緒に味わうようにすると，作品を通して自分を見つめるということが少し理解しやすくなるようである。

【作品の管理】

作品は制作者のものである。記録の必要がある場合には，許可を得て写真を撮らせていただき，研究と並行して行われた場合であれば，開始時に研究参加への協力をお願いして，作品をお借りして後日返却する。今回は，当時，記録として写真を撮らせていただいたが，掲載にあたって改めて許可を得た。快く写真を提供してくださったお2人には心から感謝申し上げたい。

(3) 生涯学習活動における材料

上述の講座への参加者は，30代1名，40代1名，50代3名，60代2名，70代2名であった。昨今，健康寿命が上がってきていることもあり，生涯学習への中高年の方々の参加は多く見込まれる。一般的な講座の場合，材料は特に，コラージュ療法基本材料シート集に限る必要はなく，参加者の持ち寄りに加えて，講師が雑多な材料を多数用意すれば良いであろう。しかしながら，ここでもやはり，既に述べたような一般的な材料の持つ難しさには注意が必要である。持ち寄りの材料の中に刺激の強すぎるものが含まれていないか，持ってきた材料が少なすぎて困っている人がいないか，多すぎて混乱している人がいないかなど，気を配りながら見て回る必要がある。基本材料シート集を，一般の成人の方に使用してもらったのは，この講座が初めてであったが，中高年の方々にはなじみやすい写真が多く抵抗なく使用してもらうことができた。参加者自身が，同じ材料による表現の違いをその場で見ることもでき，自分自身の個性について改めて気づくきっかけにもなると考えられる。

また，最後に，極めて便宜的なことだが，基本材料シート集での制作の後片付けは非常に簡単である。ページの切り離しなどがないため，制作後もほぼ元々

の20枚の形にわずかな切りくずが出るだけである。それをすべて最初の封筒に入れてもらって，講師が回収して終了する。使用後の材料の取り扱いについては，いろいろな意見があるところではあるが，そのまま渡してしまうと，違った材料と混ぜて制作するなどの混乱を招く危険があるため，現在では回収している。

	被災者支援におけるコラージュ療法
コラム3	―コラージュを持ち込むということ―

　2011年3月11日東日本を襲った大震災は，さまざまな領域に大きな被害と影響を及ぼした。筆者は2011年8月と10月の2度，岩手県へ向かい，NPO法人NPO愛知ネットの被災者支援活動に参加させていただいた。参加以後，さまざまな形で活動報告の機会をいただいた。

　本学会では，第3回大会の座談会で8月の活動報告の機会をいただき，また第4回大会では，筆者からバトンを受け継いだ長期滞在の臨床心理士の実践を合わせて，発表する予定でいる。そこで本稿では，現地で実践したコラージュ療法の内容そのものではなく，「導入するまで」について，少し詳しく記しておこうと思う。

〈現地に向かうまで〉

　発災後，日本臨床心理士会や日本心理臨床学会は，被災者の感情を表出させることの危険性について，繰り返し警告を発信した。確かに不用意に，被災者も臨床心理士も安定感を確保できない状況で，表出しようという意志のない被災者の感情を導き出すのは危険だろう。しかしながら，これほどの災害後の混乱の中で，あふれ出る怒りや悲しみ，あるいは胸の中で渦巻いて出口を求めているような思いを受け止めるのは，やはり心理臨床家として大事な仕事だろう。表出の安全性をどのように確認すればいいのか，いつごろが安全な時期なのかと思いを巡らせる日々が続いた。

　7月の終わりに岩手行きの詳細な日程が決まり，筆者は「現地の活動方針に従うこと」を第一原則としつつ，必要最低限のコラージュ療法の道具と材料を荷物に詰め込んだ。筆者の胸の中には，被災者の方々にコラージュ療法をするというよりも，報道の中で疲弊が伝えられるボランティアの方々に気分転換の機会を提供することや，現地で活動している臨床心理士にコラージュ療法を紹介し，必要性があればその方たちの実践の中で使ってもらえれば，との思いが強かった。

〈現地で〉

　到着した翌日にこれまでの心理士の活動記録を見せていただき，地域ごとの問題，被災者の方がボランティアや心理士に対して抱く思いなど，さまざまな問題を抱えていることを知った。午後になって，長期滞在の臨床心理士K氏が被害の大きかった地域を車で案内してくださった。海が見えないような場所でも津波の被害があったり，非常に近い場所でも道一本でも被害にあったりあわなかったりしていることがわかる。

　車中，支援の様子を詳しくうかがった。動作法の先生方と活動することがあるとのこと。その際には，ふとこぼれて出てくるような言葉を隣で受けとめるという。大切な作業であると思う。また，現状や今後の課題などをうかがっていると，仮設住宅への入居によって一応の落ち着きを得つつあること，コミュニティ支援が急務であり，集団に対応できるアプローチを求めていること，非言語的なアプローチへの関心もありつつ，導入を迷っていることが分かった。そこで筆者はコラージュ療法について説明し，導入可能なアプローチではないかと伝えた。筆者とK氏の意見が一致したのは，「短期滞在でやってきた

90 第5章 さまざまな領域におけるコラージュ療法の実践

筆者が単発で実践したのでは意味がない。長期滞在の臨床心理士が実践可能なものとする必要がある」という点である。車を降りるころには、すっかり意気投合し、翌日には1987年の森谷先生の着想から始まるコラージュ療法の基本講義と、実践の下準備を行った。

その後、仮設住宅での実践に始まり、K氏は他の支援現場でもコラージュ療法を展開した。現地入りした際に、自分がコラージュ療法をやりたいというよりも、必要性があるかどうかを知り、有用なアプローチであることを伝えたいと思っていたことが、現地での意味ある実践につながったと感じている。今後も新しい現場にコラージュ療法を持ち込む際の心構えとしていきたい。

（以上、日本コラージュ療法学会　ニュースレター第4号　2012年6月　より）

＊　　　＊　　　＊

〈当時を振り返って〉

この被災地での経験は、あらゆる意味で筆者の臨床家としてのあり方に大きな影響を与え、そこからくる思いや考えは日々深まってきている。またこの経験は、コラージュ療法の材料開発を加速させた一つの大きな要因となった。

被災地に向かう筆者の荷物の中には、紙封筒に入れた材料がたくさん詰め込まれていた。雑誌のページをそのまま切り離したシート状のものや大小の切り抜きを紙封筒に入れると、意外にもたくさん収納できるというのは、ちょっとした発見だった。これに加えて、道中、東北新幹線の広報誌や旅行パンフレットなどを見つけては鞄にしまい込んだ。この時に追加されたのが、美しい花々や中尊寺（岩手県平泉市）の金色堂や仏像の写真である。言葉に表すことができないほど大変な思いをした人々は、多くの花々を作品に貼り、祈りをこめて中尊寺の写真を眺めているようであった。また、特定のものに限らず、雑多な写真を広げて手に取っているだけで、どこか嬉しそうであり、心穏やかな時間を遊びの中で過ごしていることが感じられた。大事なアルバムも震災で失い、雑誌などを見る余裕のない仮設住宅の生活の中で、コラージュの材料を手に取りながら、災害前の平穏な生活を追体験しているようにも思われた。そして、安心して持っていける材料集があればこういう時にも有用なのでは、という思いにつながった。また、人々が安堵の思いをもって手に取ることができるようにしたい、とも思った。試作版ではやや静かな内容に偏ってしまったのはその影響が少なからずあるが、その後の修正で、もう少し幅のある材料になったと考えている。

災害支援の視点から、コラージュ療法の実施の是非について振り返ると、1人で行うのは勧められないことであり、安心して次に継続していく臨床家がいてこそ、実施できたことである。

（今村　友木子）

コラージュ作品のアセスメント

　アセスメントとは治療や処遇，支援の方針を立てるための情報を収集することである。コラージュ作品におけるアセスメントとは作品の特徴をステレオタイプに理解することが目的ではない。コラージュ作品を通してクライエントの言外にあるさまざまな情報を受け取り，支援や処遇，治療指針の参考とし，その結果，治療の展開につなげていくことが，作品アセスメントのねらいである。それらができてはじめて，"療法"といえるのではないだろうか。今村（2006）は，臨床家が作品の恣意的な解釈に陥らないためには，コラージュ作品に抱いた何らかの印象についての共通言語や作品理解のための一定の"ものさし"が必要だと述べている。臨床家が手に入れた言外の情報を共通の言語で語り合えたら，クライエントに還元できることも豊かになるであろう。

1．アセスメント研究の動向とその意義

　近年，国内においてコラージュ作品のアセスメント理論の構築を目指した基礎研究は盛んに行われている。この背景には，他の表現療法，たとえば箱庭療法や描画法とは異なるコラージュ療法の特徴が影響していると思われる。西村（2012）は箱庭療法と比較して「（箱庭療法，コラージュ療法ともに）自由度が高い分，実験で重視される条件の統制が難しい難点があるが，コラージュは集団でも実施可能であり，集計的調査は箱庭より容易にできる」と述べている。描画法は「自由画」と「課題画」に大別できるが，前者について高橋・中島（2012）は「対象者にとっては心の状態を自由に表現できるが，その一方で解釈仮説の検討要因があまりにも複雑になり，アセスメント法として必要な体系化に適さない」と述べ，他方，後者の「課題画」は臨床現場においてアセスメントとして用いられているため，その理論構築に向けた研究も増えているという（高橋・

中島，2012）。通常，コラージュ療法は，バウムテストやHTP法を代表とする「課題画」のように，制作の際，テーマを制限することはない。すなわち，自由度が高い表現療法ながらも，集計的調査が比較的容易であるため，理論構築の体系化に着手可能な療法といえよう。それゆえ，表現療法に関心のある研究者・臨床家にとって，魅力的なテーマとして注目され，取り組まれているように思う。

2014年，筆者は，コラージュ療法のアセスメント的側面の理論構築を目指し，量的手法を用いた基礎研究の動向を概観し，「コラージュ療法の材料に関する検討（1）―基礎的研究の展望―」（二村ら，2014）としてまとめた。それにより，アセスメント的側面の理論構築を目指す研究は部分的な相関や特徴を明らかにしたものが多く，包括的な理論構築に取り組んだ研究は少ないことが分かった（二村ら，2014）。

表6-1は，量的手法を用いた基礎研究がどのような面からアプローチして理論構築を目指しているのかを分類したものである。

【発達的な違い】とはある年齢層の一般被験者を対象に調査を実施し，コラージュ作品を通して発達的な違いやその発達段階における特徴を理解しようと試みている研究群である。この研究群において草分け的な基礎研究は「コラージュ作品の発達的研究」（滝口・山根・岩岡，1999）である。箱庭療法において岡田（1969）や木村（1985）らによって実施された大規模な集計データに基づく発達的研究を参考に実施されている。【制作過程】とは，コラージュの制作過程を通して心理的側面や認知的側面の理解を試みている研究群である。【病者などの表現】とは，ある特定の疾患や環境下にある被験者を対象に調査し，制作されたコラージュ作品を通してその病理特徴や環境下の心理的特徴について理解を試みている研究群である。統合失調症を対象とした研究に「分裂病者のコラージュ表現－統一材料を用いた量的比較」（今村，2001）など，認知症を対象とした研究には「アルツハイマー病患者のコラージュ表現」（石崎，2000）など，アルコール依存症を対象とした研究には「コラージュの変化を通してみたアルコール依存症者の病理性」（伊藤・石井，2009），などがある。【パーソナリティとの関連】とは，コラージュ制作とともに質問紙検査を実施し，作品特徴とパーソナリティタイプや心理的傾向との関連から理解しようとしている

表 6 - 1　量的研究のアプローチ別論文数 (二村ら, 2014)

アプローチ	件数	
発達的な違い	11	23%
制作過程	2	4%
病者などの表現	11	23%
パーソナリティとの関連	14	30%
心理的効果との関連	9	19%
計	47	

研究群である。このアプローチも早くから注目され，取り組まれており，「コラージュ作品の貼付形式と性格特性の関連」(佐野, 2000) は初期の代表的な研究である。また，近年は作品中の自己や自己像の現れ方を見るなど，パーソナリティを理解する糸口になり得るものに注目し，それと作品との関連について検討した研究も発表されている。【心理的効果との関連】とは，質問紙にて，コラージュ制作が制作者の心理的側面にどのような変化をもたらしているかを調査し，その結果と制作されたコラージュ作品の特徴との関連を検討し，理解しようと試みている研究群である。近年，注目され，増加している研究テーマである。

　表 6 - 1 は2014年現在の研究動向をまとめたものであるが，この 2，3 年で発表された基礎研究はわずかに増えたものの，包括的な理論構築に取り組んだ研究はない。そこで，次節ではこれまでにアセスメントに関する包括的な解釈指針や理論構築・方法の開発に取り組んだ代表的な研究として，森谷 (1999) の「判断軸」，今村 (2004) の「印象評定」，山上 (2012) の「コラージュ・スコアリングカテゴリー」を紹介し，これら 3 つの解釈指針・評定尺度についてその方法と特徴を述べたい。

2．コラージュ作品の解釈指針および評定方法

(1) 判 断 軸

　1999年，森谷は作品を解釈する仮説として判断軸を提唱した。判断軸は「過去←・→未来」「女らしさ←・→男らしさ」「暗い←・→明るい」など，二極性

94   第6章 コラージュ作品のアセスメント

表6-2 判断軸の一例（森谷，2012に基づき作成）

明るい	←・→	暗い	母性的	←・→	父性的
男性的	←・→	女性的	大胆な	←・→	繊細な
過去的	←・→	未来的	暖かい	←・→	冷たい
現実的	←・→	空想的	無秩序	←・→	秩序
具体的	←・→	抽象的	アニマ	←・→	アニムス
受動的	←・→	能動的	幼稚な	←・→	大人っぽい
静か	←・→	けん騒	身体的	←・→	精神的
静的	←・→	動的	柔らかい	←・→	かたい
意識的	←・→	無意識的	乏しい	←・→	豊か
内向的	←・→	外交的	さみしい	←・→	にぎやか
近景	←・→	遠景	都会的	←・→	牧歌的
美しい	←・→	雑な	雑然	←・→	まとまり
閉鎖的	←・→	開放的	丁寧な	←・→	雑な

に従って作成されているが，すべての判断軸をすべての作品に当てはめて評価する必要はなく，その都度，作品に一番ふさわしい判断軸を見つければ良い。

　森谷（2012）は，前述の日常的で常識的な判断軸の他，「意識←・→無意識」「アニマ←・→アニムス」「カオス←・→マンダラ」「自律←・→依存性」などといった，フロイトやユング，エリクソンなどの理論的に洗練されたものも取り込むことも可能だと述べている。このように，判断軸は決められ，固定されたものではなく，作品を見る者が学び，培ってきた理論的背景や臨床経験から，幅を広げ，発展させていくことが望ましいものと考えられている。

　実際にコラージュ作品を目にした時，これら相反する2つの印象を同時に抱く場合もあるが，この場合について，森谷（1999）は数学の「ベクトル」の概念を導入し，それぞれの方向の量を測り，合成することを提案しているが，具体的な方法は述べられていない。判断軸は，後述する2つの評定，解釈指針とは異なり，あくまでも視点の提供にとどまっており，数値化や評価の手順については明確に決まっているものではない。

2. コラージュ作品の解釈指針および評定方法　95

表6-3　CISSの尺度項目（今村，2004）

安定性尺度（13項目）	表出性尺度（9項目）	想像性尺度（8項目）
落ちつきのある	地味な	抽象的な
安定感のある	にぎやかな	男性らしい
雑然とした	明るい	空想的な
バランスの悪い	色数の多い	独創的な
美しい	消極的な	ストーリーのある
無秩序な	おもしろい	未来的な
意味不明な	貧困な	広い
衝動的な	過去的な	遠景的な
柔らかい	動的な	
女性らしい		
メッセージの読み取れる		
強迫的な		
軽薄な		

(2) 印象評定（CISS）

　2004年，今村によって開発された印象評定は，「安定性」「表出性」「創造性」の3尺度からなる統括的評定尺度である。コラージュ作品を目にした時に受ける印象は，たいていの場合，意識的にも，無意識的にもアセスメントの重要な要素になっている。その印象を正確に評定するための尺度が印象評定（CISS）である。手順としては，全部で30ある項目内容について，作品から受けた印象の程度に最も近いものを選び，○をつけ，その点数を集計する。

　印象評定（CISS）の作成には一般成人群と統合失調症群，合わせて300名余りのコラージュ作品を用いて評定し，その結果を統計的に処理し，項目を抽出しており，コラージュ療法の量的研究の先駆けの1つでもある。

(3) コラージュ・スコアリングカテゴリー

　コラージュ・スコアリングカテゴリーは，投影法の一種であるハンドテストを援用して，2012年，山上によって解釈仮説として提唱された。「表現内容を見落とすことなく，取り上げる」ことをねらいとし，「内容」と「様式」からなる2元のスコアリングシステムである。「内容」は個々の切り抜きの意味内容を指しており，大きく「対人」カテゴリーと「対物」カテゴリーに分かれ，それぞれに下位カテゴリーを持つ。「様式」はいわゆる形式的な特徴のことで

96　第6章　コラージュ作品のアセスメント

表6-4　コラージュ・スコアリングシステムの構造 (山上，2014)

コラージュ表現				
内容			様式	
【対人】	【対物】	【表出】	【葛藤】	【後退】
友好	敵意	切片30	べた貼り	余白大
子ども	食物	重ね貼り	分割	矩形
存在	物体	くり抜き	はみ出し	
主張	風景	創出	文字挿入	
情動	抽象			
動物				

あり，「切り方」「貼り方」などを指す。

　手順としては，切り抜きの内容や様式の特徴について，カテゴリーごとに「あるか」「ないか」でカウントし，それらを集計し，傾向やカテゴリー間の比率によって作品解釈の手立てとする。

3．アセスメント評定・解釈指針の課題

　「判断軸」「印象評定 (CISS)」「コラージュ・スコアリングカテゴリー」について，概要を説明したが，それぞれの解釈指針，評定には課題もある。

　「判断軸」は，「作品によってふさわしい軸を用いれば良い」とするものの，それ自体が難しく，ふさわしい軸を選ぶためにはある程度の心理臨床の経験やそれぞれの軸がもつ心理的意味内容を理解することが必要である。

　「印象評定 (CISS)」は，作品を見て受けた印象に最も近い程度に○をつけ，集計するという簡単な手順で評定できるものの，初心者と経験者では同じ作品でも受ける印象に違いがあり，評定数値も異なることが示されている (今村，2010)。初心者は独りよがりの評定にならないよう，経験者の評定とすり合わせ，自分の評定がどういった傾向を持っているかを把握することが評定を使用する前に必要であろう。

　「コラージュ・スコアリングカテゴリー」は，投影法の一種であるハンドテストを援用しているため，他の投影法の特徴と同じく，使い手が熟練者の場合と初心者の場合では解釈の深め方が明らかに異なる。コラージュ・スコアリン

グカテゴリーを用いた作品解釈においても，投影法の初心者に起こりがちな，解釈指針の表面的な意味合いを並べてしまう紋切型の理解を招きかねない。

　以上のように，解釈指針や評定は作品理解に参考となる視点の提供をするもの，使用の際は十分な理解と留意すべきことがあろう。とりわけ「印象評定（CISS）」と「コラージュ・スコアリングカテゴリー」は，スコアリング自体は簡単な手順で行えるため，初心者には取り組みやすい評定・解釈指針であるが，スコアから作品を理解する過程こそが醍醐味であり，臨床家として研鑽したいプロセスである。

　先述のとおり，近年は基礎研究にも関心が高まり，特にアセスメント的側面の理論構築を目指した研究は増加傾向にある。また，近年の基礎研究からコラージュ療法は制作体験自体にも治療的効果があることが示されている。アセスメントがなされずとも制作体験を重ねていき，セラピーが進んでいくこともあろうが，それはコラージュ療法の片輪にすぎない。客観的なアセスメントをすることで治療者は独りよがりから脱し，Cl理解も深められるであろう。そうすることでコラージュ療法として両輪が地面につき，安定したセラピーとなるのではないだろうか。コラージュ療法の治療的意味合いを考える時，作品のアセスメントはCl理解のための一助であり，Cl理解に活かされてこその表現療法であることは常に心にとめておきたい。

コラージュ研究と論文執筆

1. はじめに

　本章では，コラージュ療法研究の論文執筆に際して留意すべき点や実践的なテクニックについてまとめる。コラージュ療法に限らず，心理臨床における技法の発展のためには臨床実践と研究の両方が大切である。

　研究成果を論文としてまとめるにあたり，それを誰のために書くのかということをよく考える必要があるだろう。研究者としては，自身の知的好奇心に基づいて，そのテーマを明らかにしたいという純粋な内発的動機づけが研究の原動力になることも多い。しかし，臨床心理学分野の研究においては，特に，その先にクライエントの存在があることを忘れてはならない。「誰のため」と，「誰に伝えたいか」のバランスを意識しながら成果をまとめていくことが求められる。研究論文は，いかなる内容のものであっても，多かれ少なかれ，その論文によってはじめて明らかにされる発見を含むものである。筆者としては，この点は読者に対してぜひアピールしたい部分である。しかし，同時に，このオリジナリティの部分はその伝え方がいちばん難しいものでもある。偏った強調にならないように，しかし伝えるべき点はきちんと伝えることが求められる。

　客観的で説得力のある文章にするためには，自分自身で推敲を重ねた後で，身近な人に読んでもらうことが有効である。人の自然な心理として，自分が時間をかけて書いたものに対する批判的な意見はあまり聞きたくないものである。しかし，ここでは，良い点も修正すべき点も含め，感じたことを素直にフィードバックしてくれる読み手に読んでもらうのが望ましいだろう。卒業論文や修士論文などの執筆に取り組んでいる人にとっては，指導教員は最も身近で客観的な読者である。また，近い専門領域を学ぶ仲間たちも良い読み手である。そ

のような環境を活かして，さまざまな人に見てもらうことで，自分では気づきにくい修正点に目を向けることができるのではないだろうか。

　もう一つ，自分の伝えたい内容を届けるうえで気をつけることとして，コンセンサスの範囲を意識するということがある。言い換えれば，どのような人たちを読者として想定して文章を書いていくかということである。たとえば，書籍の執筆にあたっては，熟練した専門家を対象とした専門書にするのか，これから学びを深めたい人たちのための入門書にするのか，または，一般の人たちに広く分かりやすく伝えることを目指すのか，ということになるであろう。研究論文の執筆にあたっては，その分野に関する知識のある人たちが読者となるため，専門用語や分析手法については一定のコンセンサスがあることが前提となる。しかし，論文をどのような媒体に投稿するかによって，用語の説明や定義をどの程度丁寧に行うかなどに配慮する必要が出てくるだろう。たとえば，心理学全体など広範な分野を対象とするジャーナルなどに投稿する場合には，コラージュ療法の背景や実際についてある程度丁寧に説明する必要があると考えられる。同じ分野を研究する研究者どうしの間では日常的に使われる言葉でも，分野が異なればうまく伝わらなかったり，異なった文脈で捉えられることもある。読者を想定しながら書くことで，独りよがりな文章になってしまったり，必要以上に冗長な説明を繰り返したりすることを避けることができるのではないだろうか。対照的に，『コラージュ療法学研究』などの専門誌に投稿する場合，査読者も読者もコラージュ療法に対する詳しい知識を有していると想定できるため，「問題と目的」のセクションでは，技法の説明は必要最小限にとどめ，関連する先行研究のレビューや，その論文のオリジナリティの解説に紙面を用いる方が有効であると思われる。

　論文を書き始めるにあたり，まずはテーマを設定する必要がある。卒業論文や修士論文などの場合は，限られた時間内にその成果をまとめる必要があるため，その期間内に調査や分析をし，執筆ができるデザインが求められる。しかし，本来研究とは，新しいことにチャレンジするものであるため，仮説を検証したり，自分の主張を示したりするプロセスには多大な時間がかかる。さらに，研究を進めていくうちに，新しい疑問や課題が見えてくることもある。大学生や大学院生のみなさんにとっては，あまり壮大なテーマを設定してなかなか卒

業ができないという事態は困ると思うので，将来的な広がりと，実現可能性とのバランスを考えて，指導教員の先生とよく相談して研究の段取りを練ることが大切だろう。筆者自身は，新しい研究をはじめる時は，3〜5年くらいのビジョンでプランを考えることが多い。横道に逸れたり，新しいアイデアが浮かんだりして，思ったよりも長い間取り組んでいる研究もある。せっかくなので，1つの研究として終わらせてしまうよりは，いくつかの研究を通して，いろいろな角度から厚みを持って知見を残していけたらと心がけている。

　大学院進学を考えている指導生などから，進学後の研究計画をどうしたら良いかという相談を受けることがよくある。こればかりは，本人の中から「このことを知りたい」というテーマが出てくるのを待たなければしかたないとその都度感じている。それさえあれば，具体的な要因計画などは一緒に考えることができるが，いちばんはじめのテーマは，興味を持って続けられるものを自分自身でぜひ見つけてもらいたいと思う。ある時にテーマが突然「降りてくる」ことは稀に起こるかもしれないが，そういった幸運に頼るよりは，日々の考える習慣を大切にして，研究テーマの種を日常のソースの中から見つける方が近道になるだろう。

■ 2．研究の進め方（基礎研究）

　コラージュ研究など，臨床心理学分野における研究では，基礎研究と事例研究の両方から知見を積み重ねていくことが重要である。基礎研究とは，質問紙調査などを活用して統計的な観点から仮説を検証するものである。これに対し，事例研究は，主に，特定のカウンセリング事例をもとに，クライエントの変化や技法の効果などを検討するものである。執筆にあたっては，いずれのタイプの研究も基本的な科学論文の執筆ルールに沿うという点では共通するが，それぞれに留意すべき点もあるので，ここで整理していきたい。

　基礎研究においては，前節でも触れたように，リサーチトピックの設定がその後の舵取りに大きな影響を与える。研究者としては，大きな発見や提言をしたいと感じるところだろうが，いちばん時間をかけて苦労するのもこの段階である。リサーチトピックの設定にあたり，ここでは，「ブレイクスルー型」と「フォ

ロワー型」の2つのタイプに分類して説明を試みたい。ブレイクスルー型とは，その研究領域に関する新たな流れをつくるような研究である。たとえば，概念，技法，尺度などを開発する場合はこれにあたる。これに対し，フォロワー型は，先行研究の知見をふまえ，そこから新たな課題を見つけて少し前に進めるようなイメージである。論文のテーマ選びにあたっては，先行研究を丁寧に読み込むことにより，そこに新しい課題のヒントが隠れていることも多い。他者の視点から客観的に見ることで，先行研究の著者らですら気づかない課題に気づくこともあり，そうした相互作用で研究領域全体が前進していくことも面白さの1つである。一方で，先行研究を参考にデザインを考える場合は，配慮すべき点もいくつかある。まずは，どこまでがすでに検証されていて，どこからが自分のオリジナリティなのかということを，丁寧に確認する必要がある。時として，先行研究に対して批判的な文脈から論じることが必要な場面もあるが，基本的には先人たちへの敬意を忘れずに，十分なレビューをする必要がある。それを踏まえたうえで，たとえ小さな一歩でもかまわないので，自分の研究の独自性が少しでも示すことができれば立派な研究論文として成立すると思われる。

　基礎研究の場合，テーマが決まったら，要因計画を立て，分析までを見越してデータを収集していくことが重要であると考えられる。統計的手法は心理学の研究にとって，説得力を持って主張を展開するための心強いツールであるが，それに振り回されてしまわないように，仮説に応じて最適な分析方法を選択していくことが求められる。心理学研究の全体的な潮流としては，構造方程式モデリングなど，複数の変数どうしの因果関係を一括して検討できる手法が多く用いられるようになっている。もちろん，コラージュ研究においても，このような新しい分析手法が活用できる可能性は十分にある。一方で，たとえば，コラージュ制作の前後で変化を比較する研究や，臨床群と統制群の比較など，群間比較デザインの研究は芸術療法研究においては今後も主流であり続けると考えられる。また，他の分野と異なり，一括して質問紙調査などができるわけではないため，データ収集の大変さもコラージュ研究の特徴の1つである。このような特性を補うために，近年では効果量などの指標も徐々に用いられるようになってきた。心理学の研究においては，ものごとの効果や差異を検討する指標として有意差検定が中心に用いられているが，有意差の算出にあたってはサ

ンプル数が大きな影響を与えることが知られている。これに対し，効果量は，サンプル数に依存することなく心理的指標の変化量の度合いを数値化することができる。コラージュ研究においても，極端に少ないサンプルから一般的傾向を述べることには危険性も含まれるため，基礎研究においては，できる限り多くのデータを収集することが求められる。しかし，限界もあるため，そのような場合には効果量などの指標を組み合わせて分析することも有効であると考えられる。

　最後に，これからの基礎研究に活用が可能なツールについて紹介したい。基礎研究においてコラージュ作品に向き合う際には，形式分析，内容分析，印象評定などの観点から分析を行うことが多い。形式や内容に関しては，切片数や表現されたアイテムの内容をカウントすることによって数量化が可能であるが，印象を客観的に数量化するには工夫が必要である。今村（2004）は，コラージュ表現に特化した印象評定尺度として，CISSを開発した。これは，「安定性」，「表出性」，「創造性」の３つの観点からコラージュの印象を評定するものである。また，作品の特徴に加え，制作を通して，制作者の中にどのような体験が生じるかということも，重要な研究対象となる。このような観点から，加藤ら（2014）は，芸術療法における表現体験を測定する尺度として，SEAT-Rを開発した。これは，「気持ちの解放・安定」，「満足感」，「自己理解」，「緊張感」，「子ども時代への回帰」の５因子から制作時の体験過程を測定するものである。これらの尺度をうまく活用することにより，さまざまな観点からの基礎研究が今後も展開されていくことを期待する。

3．研究の進め方（事例研究）

　基礎研究が，データに基づいて一般的な傾向を導き出すものであるのに対し，事例研究は個々の事例を丁寧に振り返り，そこからケースの独自性や一般に還元できる知見を考察していくものである。まずはじめに，事例報告と事例研究の違いについて整理しておきたい。事例報告とは，事例検討のために作成される資料であり，セラピスト自身が今後の治療に関する指針を得るためにまとめるものである。そのため，ケースの経過をありのままに伝えることが求められ

る。一方で，事例研究では，同じように特定のケースを対象としながらも，「研究」として成立していることが求められる。研究となり得るためには，まず，ケースの振り返りが著者の中で十分にできていることが重要である。現在継続中のケースを対象に，日々あれこれ考えを巡らせながら奮闘している段階で事例研究をまとめようとしても，客観的な視点で全体を振り返ることは難しいと思われる。次に，どの視点からケースを見渡すかを定めることが必要である。これは，基礎研究でいうところのテーマ決めに相当するものである。事例報告では全体像をありのままに示すことが大切だが，事例研究ではある視点を定めて，それを軸にケースの展開を考察することで学術的な価値が生まれる。さらには，読者の存在を意識しながら論文を構成することも重要である。セラピスト自身やクライエントのためにまとめる事例報告と異なり，読者が何を得るかという点を考慮しなければならない。

　コラージュ療法に関する事例研究としては，大きく分けて，1つの事例の経過をまとめたものと，複数の事例をもとにまとめたものがある。前者では，特定の事例を取り上げ，そのプロセスを丁寧に追い，考察を深めていく。コラージュを導入した経緯，作品の変遷やアセスメント，コラージュを媒介したクライエントとセラピストの交流など，注目すべき点は多々ある。このような個々の事例に焦点を当てた研究を行う場合は，その事例の特殊性，セラピストとの関係性，治療の展開などが，他の心理臨床活動においても有益な知見を含む場合に意義があると考えられる。もう1つのアプローチは，複数の事例を扱うものである。この場合，複数の事例を対比することで，特定のテーマについて理解を深めることが課題となる。そのため，事例を選択するうえでテーマの設定が重要となる。共通の（または対照的な）視点から，複数の事例を比較することで，各事例の独自性が浮き彫りになったり，事例を超えた普遍性への気づきが得られたりすることが魅力である。

■ 4．論文執筆の基礎

　ここでは，特にコラージュ研究を意識しながら，論文執筆にあたって身につけておきたい基本的なことがらについて概観する。まず，アカデミック・ライ

ティングにおいて覚えておきたいこととして，論文とはルールに則った文章であるということである。全体の構成，引用のしかた，時制や態の使い分けなど，ある程度の共通したルールがある。これを意識して書くだけでも，書き手にとっても読み手にとっても分かりやすい明確な文章になる。

　学術論文における「主語」とは何か考えてみよう。「地」の文章では，基本的には主語は「私（著者）」であるが，ほとんどの場合これは省略される。英語論文の場合，効果的に「we」などを用いることもあるが，日本語の論文の場合は省略されるのが普通である。一方で，引用にあたっては，引用元の著者名と出版年を明確に示すことが求められる（「加藤（2015）は～」，「～（加藤，2015）」など）。1つの文章の中で，著者自身の意見と引用内容を混同しないようにすることが重要である。どこまでが先行研究によって述べられた内容で，どこからが自分の意見なのかをはっきりと分かるように示さなければならない。

　学術論文は主に，「アブストラクト」，「問題と目的」，「方法」，「結果」，「考察」のセクションから構成される。論文を執筆する際には，今現在，この文章を書いている自分がどの時点にいるのかを意識すると，自然と文体も定まってくる。論文執筆のタイミングは，多くの場合すべての調査や分析が終わった時であろう。そう考えると，「問題と目的」はすでに明らかな事実，「方法」と「結果」は実施された過去の事象，「考察」は執筆しながら現在考えていることとなる。これを意識しながら文章を書くと，たとえば，「問題と目的」では，「～が指摘されている」などの言い回しが適切であるし，「方法」では，「～尺度を用いた」という表記になる。「考察」は現時点での考えや主張であるので，「～と考えられる」という表現になる。論文では，時制や態などの使い分けが複雑であると思われがちであるが，現在の自分がどの時点にいるのかということに気をつければ，自然と表現が身につくと思われる。

　各セクションにおいて留意すべき事項について見てみよう。まず，「アブストラクト」では，論文全体の概要をシンプルに読者に伝える必要がある。ここでは，研究の目的，仮説，主たる結果を限られた字数の中でまとめる。問題意識や持論を強調したくなることもあるかもしれないが，アブストラクトを読めば，研究の全体像がイメージできることが重要である。論文全体を書き上げた

うえで，どこが必要かをよく吟味して，無駄のない文章の作成を心がけたい。

「問題と目的」では，これまでに行われてきた先行研究の成果を過不足なくレビューすることが必要である。各分野において，押さえるべき「キー論文」は引用する必要があるが，あまりに丁寧にレビューしすぎて冗長になるのは良くない。自分の研究の問題意識を的確に伝え，仮説を立てるために必要な先行研究をよく吟味して紹介することが大切である。それをふまえて，研究の目的と仮説を分かりやすく示す必要がある。多くの論文では，セクションの結びとして目的や仮説が示されているが，目的と仮説は研究の背骨になるものなので，レビューの中に埋もれてしまわないように，はっきりと示すように心がけたい。また，新たな概念や多義的な用語を扱う場合には，この研究内ではどのような意味で用いるのかという操作的定義を示す必要があるので気をつけたい。「問題と目的」の文章が一通り書けたら，後ろからさかのぼってチェックすることをお勧めする。この仮説にたどり着いたのはこの先行研究のこの指摘がきっかけになっているというように，文章の筋が通っているかを確認しやすいためである。こうした推敲を繰り返し，余分な記述や不足している点はないかを検討していく。

「方法」では，基礎研究の場合は，同じ調査が再現できる程度の客観的な情報を示すことが必要である。具体的には，調査対象者，使用した尺度，手続きなどに関して記述していく。コラージュ研究においては素材に関する説明も欠かせない。芸術療法研究においては，どれだけ配慮しても，年齢や地域などのサンプルの偏りは生じてしまう。他の研究者が追試を行い，成果を蓄積することで精度の高いエビデンスを示すことが可能になる場合もあるため，後の研究につながるように情報を残しておくことが大切である。これに続く「結果」では，分析によって得られた事実を客観的に示すことが求められる。具体的には，使用した尺度の信頼性，検定の結果などを具体的な数値とともに示す。統計的な情報が多い場合には，取捨選択が恣意的にならないように注意しながら，表などを効果的に用いることもある。結果を書く際に気をつけなければならないのは，仮説を支持するものもそうでないものも，解釈や感情を挟まずにありのままを記述していくということである。

次に，「考察」の進め方についてまとめたい。ここでは，結果に基づいた解

釈や，そこから導かれる主張を展開していく。気をつけるべきなのは，「結果」のセクションに記載されていない内容が「考察」の中で初めて登場するような状況は避けなければならないということである。あくまで，結果をもとにした意見や主張であるということを忘れてはいけないだろう。読者にとって伝わりやすい考察にするためには，アピールと堅実さのバランスに配慮することが求められるのではないだろうか。持論を強引に展開してばかりでは読者はついてこられなくなってしまうし，あまりに控えめな主張ばかりでも説得力に欠ける。まず，得られた結果の中から，自分が一番伝えたいことは何かを考え，その部分を強調して文章を組み立てていくといいだろう。さらに，「考察」のセクションでは，効果的に先行研究のエビデンスを示すことにより，自分の主張に根拠を付加し，説得力のある主張にすることができる。

　最後に，一通り論文が書き上がったら，丁寧に繰り返し読み返すことをお勧めしたい。その際に，論文全体を通して使用する用語の統一がされているか，「問題と目的」と「考察」の整合性は保たれているかなどをチェックするといいだろう。論文は長期間かけて書き上げることもあるため，筆者も気づかないうちにこれらのギャップが生じてしまうこともある。最初から最後までを通読し，もしずれが生じていれば修正し，一貫した文章にすることが大切である。また，読者にとって読みやすい文章であることにも心がけたい。内容によって段落を区切ったり，接続詞を有効に使ったりすることにより，まとまりと流れのある構成にすることができるだろう。

■ 5．執筆のための資源

　これまでに論文執筆の基礎について，筆者自身が執筆や投稿を繰り返しながら感じたり意識したりしたことを中心にまとめてきた。基本的なことは網羅したつもりではいるが，執筆のスタイルにはそれぞれの著者のスタイルがあるため，幅広く情報に触れ，自分なりのスタイルを身につけることが大切であると思われる。ここでは，心理学分野の論文執筆にあたって参考になる資源についての情報を提供したい。

　まず，冒頭でも述べた通り，学術論文とはルールに沿って書くべき文章であ

108 第7章 コラージュ研究と論文執筆

る。それぞれの学会やジャーナルが発行している執筆要項は最も実践的なルールブックであるので，よく目を通すことをお勧めする。日本心理学会は，ホームページ上で「執筆・投稿の手びき」を公開している。文章の書き方・図表のまとめ方・投稿のプロセスなどが丁寧にまとめられているので，論文投稿の基礎を身につけるためのテキストとして最適である。アメリカ心理学会（APA）が発行している「Publication Manual of the American Psychological Association」も，長く論文執筆マニュアルのスタンダードとして世界的に親しまれているものである。英語論文を執筆する際にはもちろんであるが，言語を超えて学術論文の執筆の基礎が体系的にまとめられているので，ぜひお手元に置いていただけたらと思う。日本語版（前田ら訳，2011）も発刊されているので，用途に合わせて活用することをお勧めしたい。

　マニュアルや執筆要項をよく把握しておくことは必須であるが，読み物として体系的に論文執筆のノウハウを身につけたいという読者の方もおられるだろう。「投映法研究の基礎講座」（津川編，2012）は，投映法研究に焦点をあて，実践的に分かりやすい言葉で調査から執筆までに必要な事柄をまとめたものである。卒業論文などではじめて執筆に挑戦する人にも，初心にかえってもう一度論文執筆の基礎を学びたい人にも重要な示唆を多く与えてくれる1冊である。もう1つは，「できる研究者の論文生産術」（Silvia（高橋訳），2015），「できる研究者の論文作成メソッド」（Silvia（高橋訳），2016）のシリーズである。論文執筆の基礎を教えてくれる書籍であるが，著者の体験をもとにした語り口は読者を引き込むものであり，査読者とのやりとりや共同研究の進め方など，執筆のHow Toに留まらず幅広いヒントを授けてくれる。

　これらの資源を活用しながら，とにかく書くことが，上達のための最善の方法であると思われる。失敗を恥ずかしがらずに，たくさん書いて，たくさん書き直すこと，その繰り返しによって正しいライティングの基礎が身につき，自分のスタイルを獲得することができるのではないだろうか。

| コラム 4 | ブロック玩具を使った表現技法 |

　ブロック玩具は，世界中で親しまれている素材である。もともとは，子ども向けの玩具として開発されたものであるが，その表現の多様性から，幅広い年代に親しまれている。近年は，玩具としての価値に留まらず，教育や芸術表現の媒体としても注目されている。臨床心理学の分野においても，ブロックを活用した研究や実践がこれまでにいくつか報告されている。海外では，たとえば，Brosnan（1998）などのように，空間認知能力のアセスメントの媒体としてブロックを活用した研究が行われてきた。一方で，カウンセリングの媒体としての活用の可能性を模索する試みも積み重ねられてきている。Resnick（1976）は，夫婦間や親子間でのコミュニケーションの問題に対するカウンセリングの中で，ブロック表現を媒体として活用している。一方がブロックを用いて表現をして，言葉を使ってその詳細を他方に伝え，相手は，その情報をもとにブロック表現をしていく。セッションごとに役割を交互に交代したり，表現プロセスの中で質問や回答を繰り返したりすることによって，お互いのコミュニケーションが促進されることが指摘されている。欧米では，LeGoff（2004）を中心に，自閉症スペクトラム障害をもつ子どもたちのグループセラピーの媒体としてブロックを用いる試みが行われている。ここでは，グループの参加者にあらかじめ役割を与え，協力して制作課題に取り組んでいく。彼らのアプローチは，グループセラピーの考え方に基づくもので，ソーシャルスキルなどの観点から効果の検証が行われている。

　日本においては，今川ら（1985）が，精神科の外来治療場面において，面接後に別室でブロック制作を行うことを試み，非言語のブロック表現が面接と日常をつなぐ緩衝材のような役割を果たすことが認められている。また，入江・大森（1991）は，場面緘黙児の精神療法過程において相互ブロック制作を導入している。セラピストとクライエントが個々にブロックを用いた表現を行い，その変遷が治療の経過とともにまとめられている。この論文の中では，制作したブロックを箱庭の砂箱の中に配置する様子にも触れられており，表現の枠の重要性を予見するような要素も含まれている。

　筆者らのアプローチ（加藤，2006）では，このような先行研究の知見を踏まえ，箱庭療法やコラージュ療法の構造的枠組みを基盤として，ブロックを用いた表現技法を試みている。具体的には，まずクライエントの表現を守る枠組みとして，25cm四方の緑色の基礎板を用意する。表現の素材としては，さまざまな色や大きさの直方体の基本ブロック，木・窓枠・タイヤなどある程度の形状をもつ特殊ブロック，ブロックとの組み合わせが可能な人形（ミニフィグ）を用意する。クライエントは，基礎板の上に，ブロックやミニフィグを用いて自由な表現を展開していく。箱庭療法やコラージュ療法のように，個別面接場面において非言語的な表現媒体として活用することが可能であるし，プレイセラピーの中では子どもたちにとって自然な表現手段の1つとしても用いられる。導入にあたっては，表現を見守るセラピストの存在と態度が重要となる。ここでも，箱庭療法やコラージュ療法におけるセラピストの態度が大いに参考になる。クライエントは自身

の内面を，ブロックや人形などのイメージの種を組み合わせることによって保障された空間の中に表現していく。その体験をイメージしながら，プロセス全体に寄り添うことが求められる。他の芸術療法と同様に，クライエントは言葉にできない無意識的なイメージを表現に投影していることも多い。そのため，セラピストが表現の解釈を無理に言語化しようとすることは，かえってありのままの表現の妨げになってしまうこともある。ブロックは身近で親しみやすい素材であるが，それゆえに，心理療法の媒体として使用する際にはクライエントの大切な思いの受け皿になっていることを忘れないようにしたい。

　これまでの研究で，ブロック表現が気分や感情の変化に与える影響（加藤，2006）や，性別やパーソナリティが表現特徴に与える影響（Kato & Morita, 2009; 2010）などが検討されている。また，コラージュや風景構成法など，他の技法との体験の比較も行われ，ブロック技法がもつ心理的退行をより促進させる機能なども確認されている（加藤ら，2009）。

　ブロック技法の適用の可能性は広く，個別のプレイセラピーや心理面接だけでなく，グループ場面でも有用である。筆者らは，グループで用いる場合には，基礎板を4枚正方形に配置し，大きな枠組みを用意している。カウンセラーがファシリテーターとなり，3〜5名ほどの小グループで協同制作を行う。これまでに，学生相談，留学生支援，発達障害児のコミュニケーション支援などの場面で活用されている。最近は，一回り大きなサイズのブロックを用いて，乳幼児を対象とした子育て支援のグループでの活用も試みている。

　ブロックとコラージュは，理論的基盤を共有するところも大きいが，それぞれの素材が持つ魅力の特性によって，得られる心理的効果や活躍する場面に独自性もあると考えられる。利用にあたっては，それぞれの技法の特徴をよく知ったうえで，クライエントに合わせて導入することが大切であろう。「心理臨床におけるブロック表現技法入門」（加藤，2014）では，ブロック技法の実際が，入門書として分かりやすい言葉でまとめてあるので，関心のある方は手に取っていただき，ブロック表現の世界が広がっていけば嬉しい。

（加藤　大樹）

『コラージュ療法基本材料シート集』見本

シート⑬

112

シート⑰

おわりに

　私がコラージュ療法の臨床と研究のための材料の開発を最初に思い描いたのは，2003年頃だったと思う。統合失調症者と一般成人の作品特徴の比較に取り組んだ研究（今村，2001）で，最初の壁になったのは材料の準備だった。最終的にどれぐらいの作品を収集できるか分からないが，同じ雑誌を後から買い足すことはできない。2種類の雑誌を500部ずつ購入し，部屋は段ボール箱であふれたが，結局100部は使わなかった。残部は使いたい人に少しずつ分けたが，今もまだ研究室に残っている。統一材料として雑誌とカラープリントを併用したところ，統合失調症の人たちがプリントばかり使って雑誌をあまり使わなかったことが印象深く，「使いやすい材料」「適切な材料」について考え続けた。そのうちにパソコンショップなどで，素材画像がたくさん入ったディスクが販売されているのを見かけるようになり，これを利用すれば材料集をつくれるのではないかと，いくつか購入した。

　ところが，いざ材料集を作ろうとすると，なかなか一人ではできない手間のかかる作業だと分かった。「はじめに」でも述べたように，画面上に写真を並べてみても，どうしても「ディスプレイ上のコラージュ制作」になってしまって，クライエントのための材料集にはほど遠い。材料集づくりのアイデアを誰かに話しては「そんなことができたらいいですね」という返事を受け，「まぁ無理でしょうけど」という言外の響きを感じ取っていた。自分自身，これは難しいなと思っていたので，少し手をつけてはしまい込むことを繰り返し，あきらめかけていた。

　ところが，どういう縁か，2008年に金城学院大学に着任して以来，最初の研究から意見交換をしていた人や，コラージュ作品を通したクライエント理解を共有してきた人が次々と同僚になり，コラージュを媒介として「本来感」の研究に取り組む指導生も現れた。こうして「コラージュ療法の研究と臨床のための材料」を開発することになった。すっかりやれるような気分になって科研

費を申請してみると，一度は箸にも棒にもかからないような評価を受けた計画に補助をいただけることになった。

それからは4人そろうと，コラージュ療法の話ばかりだ。その合間に美味しいお菓子をつまむ。材料の手掛かりとなりそうな何枚かの写真を見ながら，「どんな写真が必要か」を長い時間話し合った。臨床家が用意している材料をどう聞き出すのか，必要な写真をどのように撮影するか，写真を提供してくれる人はいないか，写真の加工はどのようにしたらよいのか，話がつきることはなかった。「写真撮影を口実に行きたい場所」の話でもたびたび盛り上がり，実際にいくつかの場所へ出かけて撮影できたのも楽しい思い出だ。各々が撮影した写真はプライベートなものも合わせて膨大な量になった。これを見せ合い，選択し，加工を検討した。おかげで完成したころには，コラージュ療法の材料についての理解だけでなく，それぞれのメンバーの写真とお菓子に関する嗜好性についての理解もすっかり深まった。

コラージュ療法を始めたばかりのころ，同じように熱中した空気の中にいたように思う。東海コラージュ療法研究会に行くと，江口昇勇先生，森谷寛之先生，中村勝治先生，岡田敦先生がいらっしゃって，時間を気にせずにコラージュ作品の感想を交換したり，材料をどう準備しているか話し合ったりされていた。まだ心理臨床の現場に出たばかりの私は，先生方のお話をうかがいながら，コラージュやクライエントと向き合うことへの真剣な姿勢を学ばせていただくことができた。その後に流れた月日を世間では「四半世紀」と呼ぶらしい。よく計算してみると，今の自分があの頃の先生方の年齢ぐらいということのようだ。

あの温度と同じぐらいかどうか分からないが，私たちなりの思いでコラージュ療法と向きあい，本書の刊行に至った。これによって，心理臨床の世界の「コラージュ療法」熱が下がることなく，さらに高まっていくことを願っている。

（今村友木子）

私がコラージュ療法と出会ったのは大学院生の頃でした。授業で使う参考図書の1冊の中にコラージュ療法を取り上げた章があり，その章を読んで「自分もやってみたい！」と興味を持ったことを覚えています。早速，自分用のコラージュボックスを用意し，時間をみつけてはこっそり作っていました。自分で作っ

てみると，初めての制作にもかかわらず，どこか懐かしく楽しい体験でした。繰り返し作っていくと，材料を選ぶのにも時間とエネルギーがいること，自分のコンディションによって作品への取り組み方が違うことを実感しました。また，これまでに作った複数の作品を眺めると，使った素材には共通したテーマがあることにも気づきました。私自身のこのような体験から，臨床場面でも表現療法が適当なケースではコラージュを導入することが増えました。

　大学院を卒業して数年後，スクールカウンセラーとして赴任した中学校では，毎週，昼下がりになると，せっせと素材を切り抜いている私を見て「先生，何やってるの？」と，話しかけてくる女子生徒がいました。彼女はふだんから斜に構えており，当時，相談室登校をしていたメンバーの中では異質の存在でした。「良いなぁって思う写真を雑誌から切り抜いてるの。コラージュっていって，画用紙にのりで貼って作品を作るんだよ」というと，「ふーん」と言って，しばらく黙って見ていました。その後，彼女は，毎週，切り抜く様子を近くに座って見ていました。そのうち，私が選ぶ写真に「こっちの方がいいんじゃない？」と意見したり，「こっちのがかわいい。でも，こんなの着れないよね」などと，コラージュの切り抜きをきっかけにおしゃべりもしました。彼女は卒業までに一度も作品を作ることはありませんでしたが，私と一緒にコラージュ素材に触れながらおしゃべりをした時間は，ほどよい退行を伴った臨床的な体験だったのではないかと思っています。

　2011年，金城学院大学に赴任し，材料シート集の開発のメンバーとして声をかけられ，コラージュと新しい観点で関わりを持つことになりました。初めての基礎研究への取り組みは，はじめこそ臆しましたが，すぐに刺激的なものとなりました。仲間と取り組む基礎研究は材料の吟味・検討だけでなく，それを通してコラージュ療法そのものについて活発な意見交換ができ，コラージュの歴史や最新の研究動向にも詳細に触れられたことは新鮮でした。臨床中心だったころの私は，基礎研究なんて自分とは無縁の別世界のお話でしたが，実際，取り組んでみると，それが血肉となって，過去の臨床体験についてもより深く考える力がついたように思います。

　今，臨床現場でコラージュを取り入れている臨床家は多くいらっしゃることでしょう。その中には，かつての私のように基礎研究は別世界のお話…と思っ

ている方も少なくないかもしれません。この本をきっかけにコラージュの基礎研究に関心を持って下さり，読者の方にとってそれぞれのコラージュ療法再考の糸口となり，そして，「コラージュ療法基本材料シート集」が基礎研究の活性化の一助となれば嬉しく思います。

（二村　彩）

　自分にとって，コラージュは学生時代に最初に取り組んだ研究テーマであり，たいへん思い入れも深いものでした。研究の進め方から作品との向き合い方まで，コラージュ研究を通して学んだことが，今の自分の研究や臨床のベースの1つになっています。研究者になって，興味の幅も広がり，最近は他のテーマの研究に取り組む時間が多くなっていました。そのような中で，今村先生からコラージュ材料研究の仲間に誘われ，初心にかえって研究を楽しむことができました。

　今回，コラージュの材料と真剣に向き合う中で，素材を選ぶという行為の先には，その素材を使うクライエントの存在があって，人と人のつながりの上に成り立っているということを改めて感じました。材料集を作成するにあたり，最後まで迷って最終版には残らなかった素材や，意外なきっかけから途中で加わった素材もあります。プロのカメラマンさんに写真の撮り方を教わり，何度も自分たちで写真を撮りに出かけ，素材の著作権についても勉強しました。そうして集めた写真やイラストたちは，自分たちにとっては思い入れがあり，客観的に評価することに苦労することもありましたが，多くの人に協力してもらい，臨床場面や研究の中で安心して使用できる材料集ができたと思っています。

　材料集に多くの人に触れていただきたいという思いに加え，そのプロセスも知っていただきたいという気持ちも芽生えました。コラージュ素材の準備性の研究をする中で，その大切さに気づいたことも影響しているのかもしれません。本書は，このような材料集開発のプロセスを通して，自分たちが率直に感じたことはなるべくそのまま残しつつ，客観的な言葉を用いてまとめようと試みたものです。ところどころ，筆者らの加工されていない熱のこもった文章に出会うかもしれませんが，それも含めてプロセスを一緒に振り返っていただけたら

嬉しいです。

（加藤大樹）

　私がコラージュに出会ったのは，大学院への進学を考えている頃に加藤先生に相談に行ったのがきっかけでした。私は本来感について研究したいと考えており，質問紙調査だけでなく，何か導入したいと相談しました。いろいろな方法を検討し，コラージュを使用することにしました。そして大学院生となり，今村先生に指導をしていただいている中で，基本材料シート集の開発の話がありました。研究についても臨床についてもコラージュについても勉強中の私を先生方は温かく迎えてくれました。

　コラージュについて勉強するにつれ，まず初めに，画用紙の上に表現されるもののおもしろさに惹かれました。同じ材料で同じように制作を行っても，それぞれ違う作品ができるのです。また，同じ写真でもそこに込められた意味は，ひとりひとり異なるのです。そんなコラージュの基本材料シート集を作るとなると，何が必要なのでしょうか。制作者が自由に表現できる材料，とはじめは完璧なものを目指さなくてはならないと思っていました。しかし，先生方との話し合いの中で，すべての人にとって完璧なものはなく，基本材料シート集にないものがあれば，そこについて話していくことも大切だと気づきました。撮影や編集など数年に及ぶ基本材料シート集の開発を通して学んだことは，臨床活動に生かされることも多くあります。コラージュについて考える時間が増え，クライエントさんに導入したくなる気持ちも湧きますが，その人に何が適切なのか，コラージュという方法を使う理由は何か，という当たり前のことを改めて考えることもありました。また，クライエントさんのために材料を用意している時には，自分が用意している材料を見て，自分がその方にどのような課題やイメージを持っているのかの気づきにもなっています。

　基本材料シート集を通して，いろいろなことを考え，成長することができたと感じています。開発に携わることができ，形にすることができたことをとても嬉しく思います。この基本材料シート集を通して，初学者にも材料について考えるきっかけとなるといいなと思います。

（今枝美幸）

最後に，私たちの取り組みを温かく見守り，協力してくださった金城学院大学心理臨床相談室の先生方と関係者の皆様に，心より感謝申し上げます。また，国際情報学部岩崎公弥子先生と指導生の皆さんには画像編集でご助力いただきました。森田美弥子先生（現・中部大学）には，名古屋大学でご指導いただき，いつも温かい励ましをいただきました。ありがとうございました。

　日本コラージュ療法学会の活動を通していつも応援してくださっている森谷寛之先生，服部令子先生，西村喜文先生，山上榮子先生，大前玲子先生，今田雄三先生，生越達美先生，学会の活動を一緒に支えて下さっている先生方にお礼申し上げます。そして「コラージュ療法基本材料シート集」の撮影にご協力下さった皆さん，事例や作品の掲載をご了承下さった皆さん本当にありがとうございました。また，本書の刊行にあたっては，ナカニシヤ出版の山本あかねさんに多大なるご尽力をいただきました。心よりお礼申し上げます。

　そして，いつもそばで見守り，応援してくれる私たちの家族に。心から，ありがとう。

今村友木子・二村彩・加藤大樹・今枝美幸

文　　献

American Psychological Association（2009）. *Publication Manual of the American Psychological Association*, 6 th ed. Washington, DC: American Psychological Association.（前田樹海・江藤裕之・田中建彦（訳）（2011）．APA論文作成マニュアル　医学書院）

Balint, M.（1959）. *Thrills and Regressions.* Madison: International Universities Press.

Brosnan, M. J.（1998）. Spatial ability in children's play with Lego Blocks. *Perceptual and Motor Skills, 87*（1）, 19-28.

Buck, R. E. & Provancher, M. A.（1972）. Magazine picture collage as an evaluative technique. *The American Journal of Occupational Therapy, 31*（3）, 156-161.

藤掛友希（2014）．コラージュ療法作品に対するPAC分析を用いた振り返り　日本心理臨床学会第33回秋季大会論文集，547.

福井菜穂子・日潟淳子・吉田圭吾（2008）．オクノフィリア，フィロバティズム概念を用いたパーソナリティ理解についての一考察　神戸大学大学院人間発達環境学研究科研究紀要，*2*（1），23-31.

二村彩・今村友木子・加藤大樹・今枝美幸（2014）．コラージュ療法の材料に関する検討（1）―基礎的研究の展望　コラージュ療法学研究，*5*，31-42.

長谷川早苗（2011）．統合失調症事例の作品変化―コラージュグループ鑑賞会の意義を踏まえて　コラージュ療法学研究，*2*，3-16.

服部令子（1999）．対人恐怖症者の表現特徴　現代のエスプリ386　至文堂，pp.143-152.

東知幸（2010）．中学生に対する「人生グラフwithコラージュ」を用いた構成的グループ・エンカウンター―修正版グランデッドセオリー法による心理的効果の分析　コラージュ療法学研究，*9*，3-13.

平石淑恵（2010）．認知症高齢者へのコラージュ療法―コラージュ表現にみる人生の回想　コラージュ療法学研究，*1*（1），43-51.

平元彩（2009）．雑誌統制の有無によるコラージュ効果の差及びアセスメント指標の検討　桜美林大学国際学研究科人間科学専攻修士論文要旨

堀口智美（2014）孤立していた不登校女子中学生との面接過程―コラージュ表現に見るつながる世界　コラージュ療法学研究，*5*（1），5-16.

池田満寿夫（1987）．コラージュ論　白水社.

今田雄三（2010）．臨床心理士養成課程におけるコラージュ療法体験授業の展開：施行法・技法の選択・検討法などの工夫を中心に　鳴門教育大学研究紀要，*25*，218-231.

今枝美幸・今村友木子（2013）．自己像に着目した継続的コラージュ制作における本来感の変化　日本コラージュ療法学会第5回大会抄録集，30-31.

今枝美幸・今村友木子（2014）．継続的コラージュ制作における自己像への着目と本来感

の関連　日本心理臨床学会第33回秋季大会論文集，540.

今川正樹・大西道生・山口直彦・中井久夫（1985）．面接後ブロック構成について　日本芸術療法学会誌，*16*，41-46.

今村友木子（2001）．分裂病者のコラージュ表現―統一材料を用いた量的比較　名古屋大学大学院教育発達科学研究科紀要，*48*，185-195.

今村友木子（2004）．印象評定を用いた統合失調症者のコラージュ表現の分析　心理臨床学研究，*22*，217-227.

今村友木子（2006）．コラージュ表現―統合失調症者の特徴を探る　創元社.

今村友木子（2010）．評定者のコラージュ療法経験と印象評定―アセスメント熟達への手がかりをCISSから探る　心理臨床学研究，*28*（2），151-160.

今村友木子（2015）．コラージュ療法基本材料シート集の開発に至るまで（日本コラージュ療法学会第6回大会シンポジウム　コラージュ療法の材料について大切なこと）　コラージュ療法学研究，*6*，77-79.

今村友木子・加藤大樹・二村彩・今枝美幸（2013）．コラージュ療法における基本的材料の開発必要性　日本心理臨床学会第32回秋季大会論文集，448.

今村友木子・加藤大樹・二村彩・今枝美幸（2014）．コラージュ療法の材料に関する検討（2）―コラージュ療法材料シート集の試作と使用感　コラージュ療法学研究，*5*，43-55.

今村友木子・加藤大樹・二村彩・今枝美幸（2015）．コラージュ療法基本材料シート集の開発と今後の活用　金城学院大学論集人文科学編，*11*（2），21-31.

入江茂・大森健一（1991）．相互ブロック作りを介した場面緘黙児の精神療法過程　日本芸術療法学会誌，*22*（1），50-60.

石崎淳一（2000）．アルツハイマー病患者のコラージュ表現―形式・内容分析の結果　心理臨床学研究，*18*（2），191-196.

伊藤満・石井雄吉（2009）．コラージュの変化を通してみたアルコール依存症者の病理性　心理学研究，*80*（3），215-222.

Jarchov, I. (1980). Bildnereien und Texte aus psychiartrischen Anstalten (ca 1890-1920). 芸術療法学会誌，*11*，79-88.

皆藤章（1994）．風景構成法―その基礎と実践―　誠信書房.

加藤大樹（2003）．高校生のコラージュ作品に関する研究―学級適応・性格の観点からの検討　日本芸術療法学会誌，*34*（2），23-32.

加藤大樹（2006）．ブロックを用いた表現技法に関する基礎的研究―ブロックによる気分変容の検討および気分と作品特徴の比較　日本芸術療法学会誌，*35*（1，2），52-62.

加藤大樹・原口友和・森田美弥子（2009）．芸術療法の諸技法における体験過程に関する研究―コラージュ技法・風景構成法・ブロック技法の比較　日本芸術療法学会誌，*39*（1），51-59.

加藤大樹・今村友木子・仁里文美（2014）．芸術療法体験尺度の改訂　金城学院大学論集，人文科学編，*11*（1），1-6.

Kato, D. & Morita, M. (2009). Form, content, and gender differences in Lego® block creations by Japanese adolescents. *Art Therapy, 26*（4）, 181-186.

Kato, D. & Morita, M. (2010). Relationships between features of collage works, block works, and personality. *Social Behavior and Personality, 38*（2）, 241-248.

河合隼雄（1969）．箱庭療法入門　誠信書房．

河合隼雄・樋口和彦・山中康裕・岡田康伸（2002）．座談会　箱庭療法の導入から今までの諸問題，現代的意義　岡田康伸（編）箱庭療法シリーズⅠ　箱庭療法の現代的意義　至文堂，pp.9-32．

茅野綾子（2018）．終末期がん患者とのコラージュ療法　日本コラージュ療法学会第9回大会シンポジウム　コラージュ療法学研究，*9*（1），55-59．

木村晴子（1985）．箱庭療法―基礎的研究と実践　創元社．

Landgarten, B. H.(1993) *Magazine Photo Collage: A Multicultural Assessment and Treatment Technique*. Brunner/Mazel.（近喰ふじ子・森谷寛之・杉浦京子・入江茂・服部令子（訳）（2003）　マガジン・フォト・コラージュ―心理査定と治療技法　誠信書房）

LeGoff, D. B.(2004). Use of LEGO® as a therapeutic medium for improving social competence. *Journal of Autism and Developmental Disorders, 34*（5），557-571.

Lerner, C. J. (1979). The magazine picture collage: Its clinical use and validity as an assessment device. *The American Journal of Occupational Therapy, 33*（8），500-504.

Lerner, C. & Ross, G. (1977). The magazine picture collage: Development of an objective scoring system. *The American Journal of Occupational Therapy, 31*（3），156-161.

Lipkin, S. (1970). The imaginary collage and its use in psychotherapy. *Psychotherapy: Theory, Research and Practice, 7*（4），238-242.

Loewenthal, D. (2013). *Phototherapy and Therapeutic Photograph in a Digital Age*. London: Routledge, Taylor & Francis Group.

Loewenthal, D., Natri, T., Saita, E., Giordmaina, J., Righi, R., Catalin, P. P., & Avdi, E. (2014). Phototherapy Europe in Prisons. http://www.phototherapyeuropeinprisons. eu

松田正子（2010）．21年の長期にひきこもり続けた男性のコラージュ療法　コラージュ療法学研究，*1*（1），31-41．

Moriarty, J. (1973). Collage group therapy with female chronic schizophrenic inpatients. *Psychotherapy: Therapy, Research and Practice, 10*（2），153-154.

森谷寛之（1988）．心理療法におけるコラージュ（切り貼り遊び）の利用　精神神経学雑誌，*90*（5），450．

森谷寛之（1993）．砂遊び・箱庭・コラージュ　森谷寛之・杉浦京子・入江茂・山中康裕（編）コラージュ療法入門　創元社，pp.147-155．

森谷寛之（1999）．コラージュ療法におけるアセスメント　現代のエスプリ386　至文堂，pp.51-58．

森谷寛之（2012）．コラージュ療法実践の手引き―その起源からアセスメントまで　金剛出版.

本村佳奈子（2010）．関わりにくい不登校女子生徒への訪問コラージュの一事例　コラージュ療法学研究，*1*（1），53-64.

中原睦美（2011）．選択性緘黙2事例とのプレイフルなコラージュ・ボックス法の展開―三人で語り合う関係で発生したパーツ持参の意味を通して　コラージュ療法学研究，*2*，17-28.

中原睦美（2012）．コラージュ制作体験により芸術的志向性が賦活された60代女性の事例―外科領域でのボックス法導入事例を通して　コラージュ療法学研究，*3*，3-14.

中原睦美（2018）．緩和ケアにおけるコラージュ―コラージュ・ボックスの可能性と留意点　日本コラージュ療法学会第9回大会シンポジウム　コラージュ療法学研究，*9*（1），51-54.

中井久夫（1970）．精神分裂病者の精神療法における描画の使用　芸術療法，*2*，77-90.

中井久夫（1979）．芸術療法ノートより　「芸術療法講座1」　星和書店（1985　中井久夫著作集　2巻　治療　岩崎学術出版社，pp.246-256.）

中井久夫（1984）．風景構成法と私　山中康裕（編）　中井久夫著作集別巻　風景構成法　岩崎学術出版社，pp.261-271.

中井久夫（1993）．コラージュ私見　コラージュ療法入門　創元社，pp.137-146.

西丸四方（1949）．精神医学入門　南山堂.

西村喜文（2012）．乳幼児のコラージュ表現―乳幼児コラージュ療法の可能性　コラージュ療法学研究，*3*（1），79-88.

西村喜文（2015a）．コラージュ療法の可能性―乳幼児から思春期までの発達的特徴と臨床的研究　創元社.

西村喜文（2015b）．被虐待児のコラージュ表現の特徴（1）―形式・内容分析の観点から　コラージュ療法学研究，*6*（1），15-26.

西村喜文（2015c）．被虐待児のコラージュ表現の特徴（2）―印象評定を用いた集計調査　コラージュ療法学研究，*6*（1），27-38.

西村喜文・大徳朋子・立川小雪（2011）．乳幼児のコラージュ表現の特徴―印象評定を用いた集計調査　箱庭療法学研究，*24*（1），35-49.

生越達美（2010）．空へ，地へ，一歩前へ　心身症状を訴える女子生徒のコラージュ療法　コラージュ療法学研究，*1*（1），65-80.

岡田康伸（1969）．SD法によるサンドプレイ技法の研究　臨床心理学研究，*8*（3），22-35.

大前玲子（2012）．コラージュ療法における認知物語アプローチの導入　コラージュ療法学研究，*3*，29-41.

大島一良（1971）．重症心身障害の基本的問題　公衆衛生，*35*(11)，648-685.

Resnick, R. J. (1976). Block playing as a therapeutic technique. *Psychotherapy: Theory, Research & Practice, 13*（2），170-172.

佐野友泰（2000）．コラージュ作品の貼付形式と性格特性の関連　明星大学心理学年報，

18，47-55．

シルヴィア, P. J.，（高橋さきの 訳）（2015）．できる研究者の論文生産術―どうすれば「たくさん」書けるのか　講談社．

シルヴィア, P. J.，（高橋さきの 訳）（2016）．できる研究者の論文作成メソッド―書き上げるための実践ポイント　講談社．

Stallings, W. (2011). Collage as a therapeutic modality for reminiscence in patients with dementia. *Art Therapy: Journal of American Art Therapy Association, 27* (3), 136-140.

Sturgess, J. (1983). The magazine picture collage: A suitable basis for a pre-fieldwork teaching clinic. *Occupational Therapy, in Mental Health, 3* (1), 43-53.

高橋依子・中島ナオミ（2012）．描画法　津川律子（編）　投映法研究の基礎講座　遠見書房，pp.82-103．

滝口正之・山根敏宏・岩岡真弘（1999）．コラージュ作品の発達的研究　現代のエスプリ386　至文堂，pp.175-185．

津川律子（編）（2012）．投映法研究の基礎講座　遠見書房．

鶴田和美（2010）．はじめに　日本学生相談学会50周年記念誌編集委員会（編）　学生相談ハンドブック　学苑社，pp.1-3．

Weiser, J. (1999). *Photo Therapy Techniques.* Canada: Phototherapy Centre.

山上榮子（2010）．コラージュ解釈仮説の試み（その1）―スコアリング・カテゴリーの提案　コラージュ療法学研究，*1* （ 1 ），3-16．

山上榮子（2010）．コラージュ解釈仮説の試み（その2）―ペルソナ理論を含む質的分析を加えた統合的解釈をめざして　コラージュ療法学研究，*1* （ 1 ），17-29．

山上榮子（2012）．大学生のコラージュ表現―コラージュ解釈仮説から見た青年期の特徴　人間文化H&S，*31*，13-25．

山上榮子（2014）．コラージュの見方・読み方―心理臨床の基礎的理解のために　ナカニシヤ出版．

山中康裕（1978）．少年期の心　中央公論社．

山中康裕（1986）．分析心理療法（ユング派），精神療法による自己実現　吉松和哉（編）精神科MOOK15　金剛出版，pp.23-33．

吉川永子（2015）．学校臨床におけるコラージュ療法の活用―女子高校生との面接過程　コラージュ療法学研究，*6*（1），3-14．

初出論文

〈第1章〉

今村友木子（2015）．コラージュ療法の現在　日本芸術療法学会誌, *46*, 15-22.

加藤大樹（2016）．「あそび」の観点から見るコラージュ制作体験　金城学院大学心理臨床研究, *15*, 31-36.

〈コラム2〉

今村友木子（2016）．イギリスにおけるアートセラピー体験　金城学院大学心理臨床相談室紀要, *16*, 23-29.

〈第3章〉

今村友木子・加藤大樹・二村彩・今枝美幸（2014）．コラージュ療法の材料に関する検討（2）―コラージュ療法材料シート集の試作と使用感　コラージュ療法学研究, *5*, 43-55.

今村友木子・加藤大樹・二村彩・今枝美幸（2014）．コラージュ療法基本材料シート集の開発と今後の活用　金城学院大学論集人文科学編, *11*（2）, 21-31.

〈コラム3〉

今村友木子（2012）．被災者支援におけるコラージュ療法―コラージュを持ち込むということ　日本コラージュ療法学会　ニュースレター第4号　2012年6月

事項索引

あ
アカデミック・ライティング　104-105
アセスメント　44, 91, 104
あそび　7, 39, 49
アメリカ心理学会（APA）　108
アルコール依存症　43
アルツハイマー　43
安定性　95, 103
イラスト　48
因子的妥当性　12
印象評定　95
SNS　25
大島分類　77

か
解釈仮説　95
解釈指針　93
学生相談　59
　　──室　70
重ね貼り　41
課題画　91
玩具　31
感情表出　40
キー論文　106
基礎研究　43, 101
気持ちの解放・安定　13, 103
キャプション　34, 48
キュビズム　9
切り貼り遊び　8
緊張感　13, 103
芸術・宗教　34, 48
芸術療法　4, 6
言語面接　4

効果量　102
攻撃性　3
構成法　7
子ども時代への回帰　12, 13, 103
コラージュ・スコアリングカテゴリー　95
コラージュ・ボックス法　3
コラージュ・ルーデンス・ワーク　15
コラージュ療法基本材料シート集　7, 31, 41, 43

さ
災害支援　90
材料　31
作業療法　21, 22
CISS　95, 103
SEAT　12
SEAT-R　103
シェアリング　85
自己開示　5
自己表現と美意識の満足　10
自己表出　10
　　──・カタルシス　12
自己理解　13, 103
写真　24
自由材料　37
自由画　91
重症心身障がい児者入所施設　77
集団　22
準備性　18
生涯学習　59, 83

使用感　37
事例研究　103
侵襲性　3, 44
心理的退行　9
心理臨床教育　3
数量化　103
スクイグル　61
スクールカウンセラー　59
スクールカウンセリング　59
制作条件　54
制作場面での関係性　12
精神科クリニック　59
精神科領域　64
セルフ・ボックス　28
創作意欲・満足感　12
創造性　95, 103

た
体験過程　12
対人恐怖症　41
達成感　17
知的指数　77
TAT　23
投影法　7
統合失調症　6, 22, 43
統制　54
　　──群　22
Talking Picture Cards　25
Talking Pictures Therapy　25

な
内面の意識化　10, 12

脳性麻痺　77

は
パーソナリティ　22
箱庭療法　2，9，31
発達　59
　──段階　43
パピエ・コレ　9
判断軸　93
ハンドテスト　95
非言語的面接　44
被災者支援　89
描画法　91

表出性　95，103
評定　93
フィロバティズム　14
風景構成法　7，11
Phototherapy　24
不登校　59，65
普遍性　104
プリミティブ　15
ブロック技法　11

ま
マガジン・ピクチャー・コラー
　ジュ法　3

マガジン・フォト・コラージュ
　22
満足感　12，103

ら
リサーチトピック　101
臨床像　46

わ
枠　41

人名索引

B
Balint, M.　14
Brosnan, M. J.　109
Buck, R. E.　21，22

E
Erikson, E. H.　94

F
Freud, S.　94
藤掛友希　43
福井菜穂子　14
二村　彩　32，92，93

H
長谷川早苗　6
服部令子　41
東　知幸　19
平石淑恵　19
平元　彩　32
堀口智美　59

I
池田満寿夫　9
今田雄三　3
今枝美幸　43
今川正樹　109
今村友木子　6，7，17，23，
　29，33，41-43，48，91-
　93，95，96，103
入江　茂　109
石井雄吉　43，92
石崎淳一　43，92
伊藤　満　43，92
岩岡真弘　92

J
Jarchov, I.　2
Jung, C. G.　94

K
皆藤　章　11
加藤大樹　11-13，43，103，

109，110
Kato, D.　110
茅野綾子　19
木村晴子　9，13，28，92
吉　沅洪　24

L
Landgarten, B. H.　22，25
LeGoff, D. B.　109
Lerner, C. J.　22
Lipkin, S.　21
Loewenthal, D.　24，25

M
前田樹海　108
松田正子　19
Moriarty, J.　21
Morita, M.　110
森谷寛之　1-3，8，9，
　19，21，23，24，28，32，
　90，93，94

本村佳奈子　19

N

中原睦美　3，15，19
中井久夫　4，6，7，11，
　14，15，70
中島ナオミ　91，92
西丸四方　2
西村喜文　19，77，91

O

生越達美　19
岡田康伸　92
大前玲子　19，26
大森健一　109
大島一良　77

P

Provancher, M. A.　21，
　22

R

Resnick, R. J.　109
Ross, G.　22

S

佐野友泰　93
Silvia, P. J.　108
Stallings, W.　23
Sturgess, J.　22

T

高橋依子　91

高橋ささの　108
滝口正之　43，92
津川律子　108
鶴田和美　70

W

Weiser, J.　24
Winnicott, D. W.　16

Y

山上榮子　19，23，43，93，
　95，96
山中康裕　2，24
山根敏宏　92
吉川永子　59

執筆者一覧

今村　友木子（いまむら　ゆきこ）　金城学院大学教授
　　担当：はじめに／第1章1，コラム1／第2章2，3，コラム2／
　　　　　第3章1，2，3／第4章／第5章2，5，コラム3

二村　彩（ふたむら　あや）　金城学院大学准教授
　　担当：第5章3／第6章1，2，3

加藤　大樹（かとう　だいき）　金城学院大学准教授
　　担当：第1章2／第7章1，2，3，4，5，コラム4

今枝　美幸（いまえだ　みゆき）　金城学院大学大学院人間生活学研究科博士課程
　　担当：第2章1／第5章1，4

本書は，金城学院大学特別研究助成費の補助を受けて刊行した。

コラージュ療法
材料からの再考

2019年3月31日　初版第1刷発行	定価はカヴァーに表示してあります	

　　　　　　　著　者　　今村友木子
　　　　　　　　　　　　二村　彩
　　　　　　　　　　　　加藤大樹
　　　　　　　　　　　　今枝美幸
　　　　　　　発行者　　中西　良
　　　　　　　発行所　　株式会社ナカニシヤ出版
　　　　　〒606-8161　京都市左京区一乗寺木ノ本町15番地
　　　　　　　　　　　　Telephone　　075-723-0111
　　　　　　　　　　　　Facsimile　　075-723-0095
　　　　　　Website　　http://www.nakanishiya.co.jp/
　　　　　　Email　　iihon-ippai@nakanishiya.co.jp
　　　　　　　　　　　　郵便振替　01030-0-13128

装幀＝白沢　正／印刷・製本＝西濃印刷株式会社
Printed in Japan.
Copyright © 2019 by Y. Imamura et al.
ISBN978-4-7795-1354-1
◎本書のコピー，スキャン，デジタル化等の無断複製は著作権法上での例外を除き禁じられています。
本書を代行業者等の第三者に依頼してスキャンやデジタル化することはたとえ個人や家庭内の利用で
あっても著作権法上認められておりません。